CityAirportTrain.com

„Ich mag's pünktlich"
16 Min. nonstop
Wien Mitte-Flughafen

„Ich mag's bequem"
Check-In bei Wien Mitte

„Ich mag's staufrei"
Ohne Umwege direkt
zum Abflug

CITY AIRPORT TRAIN

CityAirportTrain.com

Fahrplan / Timetable

City Air Terminal › Vienna International Airport
Abfahrt City Air Terminal

05.38	06.08	06.38	07.08	07.38	08.08	08.38	09.08
09.38	10.08	10.38	11.08	11.38	12.08	12.38	13.08
13.38	14.08	14.38	15.08	15.38	16.08	16.38	17.08
17.38	18.08	18.38	19.08	19.38	20.08	20.38	21.08
21.38	22.08	22.38	23.08				

Vienna International Airport › City Air Terminal
Abfahrt Vienna International Airport

06.05	06.35	07.05	07.35	08.05	08.35	09.05	09.35
10.05	10.35	11.05	11.35	12.05	12.35	13.05	13.35
14.05	14.35	15.05	15.35	16.05	16.35	17.05	17.35
18.05	18.35	19.05	19.35	20.05	20.35	21.05	21.35
22.05	22.35	23.05	23.35	Montag bis Sonntag				

Stand Oktober 2011, Änderungen vorbehalten.

Stets aktuell!
Ihr Fahrplan und Ihre Ticketbuchung unter CityAirportTrain.com

CAT   CITY AIRPORT TRAIN

MARCO POLO

Reisen mit Insider Tipps

WIEN

**MARCO POLO Autor
Walter M. Weiss**

Der gebürtige Wiener ist selbst mit den verborgensten Ecken der Stadt vertraut. Über seine Heimatstadt hat der freie Autor auch mehrere Bücher verfasst (Näheres: *www.wmweiss.com*). An Wien gefällt ihm die imperiale Pracht und die plüschige Gemütlichkeit in den vielen Beisln, Heurigen und Cafés, aber auch die Weltoffenheit, Dynamik und das reiche Kulturangebot einer Metropole.

www.marcopolo.de/wien

← **UMSCHLAG VORN: DIE WICHTIGSTEN HIGHLIGHTS**

Die besten Insider-Tipps → S. 4

Best of... → S. 6

Sehenswertes → S. 26

Essen & Trinken → S. 62

4 **DIE BESTEN INSIDER-TIPPS**

6 **BEST OF ...**
● TOLLE ORTE ZUM NULLTARIF S. 6
● TYPISCH WIEN S. 7
● SCHÖN, AUCH WENN ES REGNET S. 8
● ENTSPANNT ZURÜCKLEHNEN S. 9

10 **AUFTAKT**

16 **IM TREND**

18 **STICHWORTE**

24 **DER PERFEKTE TAG**

26 **SEHENSWERTES**
INNERE STADT, WESTLICHE VORSTADT, MARIAHILF, MARGARETEN & WIEDEN, LEOPOLDSTADT & LANDSTRASSE, IN ANDEREN VIERTELN, IM GRÜNEN

62 **ESSEN & TRINKEN**
BEISL, KAFFEHAUS UND HEURIGE SIND LEBENDIGER DENN JE

72 **EINKAUFEN**
STILVOLLE SOUVENIRS: ANTIQUITÄTEN, TRACHTEN, SCHMUCK UND PORZELLAN

SYMBOLE

INSIDER TIPP Insider-Tipp
★ Highlight
●●●● Best of ...
☼ Schöne Aussicht
☺ Grün & fair: für ökologische oder faire Aspekte
(*) kostenpflichtige Telefonnummer

PREISKATEGORIEN HOTELS

€€€ über 150 Euro
€€ 100–150 Euro
€ unter 100 Euro

Die Preise gelten für ein Doppelzimmer für zwei Personen pro Nacht mit Frühstück

PREISKATEGORIEN RESTAURANTS

€€€ über 16 Euro
€€ 10–16 Euro
€ unter 10 Euro

Die Preise gelten für ein Hauptgericht ohne Getränke. Mittags liegen die Preise oft deutlich niedriger

---

Titelthemen: Museumsquartier: Kultur im Megapack S. 48, Strandbars am Donaukanal S. 39

INHALT

AM ABEND 80
SPÄTPROGRAMM FÜR JEDEN:
ARIEN, KABARETT, MUSICAL, TECHNO

ÜBERNACHTEN 90
AN DEN HÄNGEN DES WIENERWALDS
ODER NOBEL IM STADTKERN

STADTSPAZIERGÄNGE 100

MIT KINDERN UNTERWEGS 106

EVENTS, FESTE & MEHR 108

ICH WAR SCHON DA! 110

LINKS, BLOGS, APPS & MORE 112

PRAKTISCHE HINWEISE 114

CITYATLAS 120

REGISTER & IMPRESSUM 146

BLOSS NICHT! 148

Einkaufen → S. 72

Am Abend → S. 80

Übernachten → S. 90

Cityatlas → S. 120

GUT ZU WISSEN
Entspannen & Genießen
→ S. 39
Richtig fit → S. 43
Grünweiß oder Violett
→ S. 47
Bücher & Filme → S. 58
Gourmettempel → S. 66
Spezialitäten → S. 68
Luxushotels → S. 94
Was kostet wie viel? → S. 115
Goldene Kehlen → S. 116
Wettertabelle → S. 118

KARTEN IM BAND
(122 A1) Seitenzahlen und Koordinaten verweisen auf den Cityatlas und die Umgebungskarte Wien mit Umland auf S. 138/139

(0) Ort/Adresse liegt außerhalb des Kartenausschnitts Einen Liniennetzplan der öffentlichen Verkehrsmittel finden Sie im hinteren Umschlag

UMSCHLAG HINTEN:
FALTKARTE ZUM
HERAUSNEHMEN →

Es sind auch die Objekte mit Koordinaten versehen, die nicht im Cityatlas stehen

FALTKARTE
(A–B 2–3) verweist auf die herausnehmbare Faltkarte

2 | 3

Die besten MARCO POLO Insider-Tipps

Von allen Insider-Tipps finden Sie hier die 15 besten

INSIDER TIPP **Musikmeile am „Gürtel"**
Der lange vernachlässigte „Gürtel" wurde in den letzten Jahren zielstrebig zum Vorstadtboulevard revitalisiert. Mittlerweile ziehen hier etliche fetzige Lokale – wie *B72* oder *Chelsea* – mit Livegigs Nachteulen in ihren Bann → S. 47, 82

INSIDER TIPP **Der City ins Dekolletee gucken**
Wer im Südturm des Stephansdoms die 343 Stufen zur Türmerstube hochsteigt, wird durch einen Traumblick auf das Gassengeflecht und Dächermeer des Stadtkerns belohnt (Foto o.) → S. 45

INSIDER TIPP **Große Oper zum Nulltarif**
Mozart, Verdi, Wagner oder Robert Stolz: Anfang Juli bis Ende August werden auf dem Rathausplatz Abend für Abend, so das Wetter halbwegs mitspielt, beim Musikfilmfestival auf Großleinwand berühmte Opern- und Operettenaufführungen gezeigt, manchmal auch Konzertmitschnitte → S. 109

INSIDER TIPP **Elegante Jugendstiltreppe**
Eine „Bühne dramatischen Lebens" nannte der Schriftsteller Heimito von Doderer die Strudlhofstiege mit ihren Treppen, Rampen und Jugendstilkandelabern (Foto re.) → S. 50

INSIDER TIPP **Kaiserlich und bürgerlich**
Im Hofmobiliendepot alias Möbel-Museum Wien wandeln Sie auf den Spuren der habsburgischen Wohnkultur und der Wiener Möbelkunst → S. 52

INSIDER TIPP **Wiens schönster Gottesacker**
Eine efeuumwucherte Insel im Strom der Zeit: der stimmungsvolle Biedermeierfriedhof Sankt Marx mit Mozarts Grabmal → S. 58

INSIDER TIPP **Wo die Opernpuppen tanzen**
Von Aladin bis Zauberflöte: Nach der Schlossbesichtigung lohnt ein Besuch des Schönbrunner Marionettentheaters → S. 60

INSIDER TIPP ▶ Wiens ältestes Café
Samtrote Sitzbänke, Kristalllüster, Perserteppiche und Marmortischchen: Im *Frauenhuber* fühlen Sie sich zu Gast in einem plüschig-bürgerlichen Salon → S. 65

INSIDER TIPP ▶ Kaufen & Kunstgenuss
Ob Wohnaccessoires, Textilien oder Schmuck: Hochwertiges Kunsthandwerk aus Schwarzafrika führt *Habari*, dazu gibt's im Souterrain Sonderausstellungen → S. 77

INSIDER TIPP ▶ Nostalgiekino
Paula Wessely, Hans Moser & Co: Im *Bellaria* laufen Tag für Tag die Tränendrücker aus den rot-weißroten Filmstudios der Zwischen- und frühen Nachkriegszeit → S. 86

INSIDER TIPP ▶ Designerhotel
Wo in der Frühzeit der Postkutschenlinien Pferde eingestellt waren, kann man heute im ebenso schicken wie komfortablen Fünf-Sterne-Hotel *Das Triest* übernachten → S. 93

INSIDER TIPP ▶ Tafeln im Grünen
Gastroidylle nach dem Schönbrunn-Besuch: Unter Kastanienbäumen genießen Sie im Wirtshaus *Zum Blauen Esel* gehobene Vorstadtküche und gediegene Weine → S. 69

INSIDER TIPP ▶ Dschungelerlebnis
Per Kanu oder Kutsche durch den Nationalpark Donauauen, einen der letzten Urwälder Mitteleuropas → S. 60

INSIDER TIPP ▶ Lunch in der Hofburg
Gut, rasch und billig, dazu noch in historischem Ambiente, essen Sie in der Bistrokantine *Soho* im Komplex der Nationalbibliothek → S. 71

INSIDER TIPP ▶ Prosit Neujahr
Zum Jahresende verwandelt sich Wiens Innenstadt in eine riesige Partybühne. Dann schlängelt sich, gesäumt von Sekt- und Glühweinständen sowie Dutzenden Bühnen vom Rathaus bis in den Prater der „Silversterpfad" → S. 109

BEST OF ...

TOLLE ORTE ZUM NULLTARIF
Neues entdecken und den Geldbeutel schonen

SPAREN

● *Lust auf Sakralmusik?*
Die wunderschöne *Augustinerkirche* ist bekannt für ihren feierlichen, von Musik begleiteten Gottesdienst. An Sonn- und kirchlichen Feiertagen hören Sie bei kostenlosem Eintritt auf höchstem musikalischem Niveau Festmessen von Haydn oder Schubert → S. 35

● *Ein Morgen am Naschmarkt*
Typisch wienerisches Ambiente, ohne dass es Sie einen Cent kosten muss: Allein die Basaratmosphäre zwischen üppig drapierten Ständen und lautstark feilschenden Händlern lohnt einen Rundgang → S. 78

● *Kostbarkeiten im Stephansdom*
Das Innere des gotischen Prachtbaus ist gespickt mit kostbarsten Kunstwerken. Hier können Sie nach einem Stadtbummel Atem holen und die ganz spezielle Aura des „weihevollsten Kirchenraums der Welt" (Adolf Loos) genießen – auch ohne extra Geld für Führungen oder Turmbesteigungen ausgeben zu müssen → S. 45

● *Natur und Musik auf der Himmelwiese*
Im Gras liegen und Musik lauschen: Im *Lebensbaumkreis am Himmel*, einem mit Bäumen bepflanzten Kraftort am Kahlenberg, sorgen an Wochenenden klassische oder jazzige Töne für große Gefühle. Auch umsonst: der grandiose Ausblick auf die Stadt → S. 105

● *Schöne Sicht vom Schönbrunner Schlosspark*
Natürlich ist das Schloss mit seinen Prunkräumen die Hauptattraktion. Doch auch ein Spaziergang durch die wunderschöne Grünanlage ist ein Muss und im Gegensatz dazu kostenfrei. Nicht versäumen: den Blick vom Gloriettehügel auf das westliche Wien (Foto) → S. 60

● *Wiener Melancholie auf dem Friedhof*
Im *Zentralfriedhof*, einem der größten und schönsten Friedhofparks der Welt, können Sie zwischen Ehrengräbern von Geistesgrößen wie Beethoven, Schubert und Schnitzler flanieren und das melancholisch-morbide Wien erleben → S. 60

●●●● Diese Punkte zeichnen in den folgenden Kapiteln die Best-of-Hinweise aus

TYPISCH WIEN
Das erleben Sie nur hier

● *Im klassischen Kaffeehaus*
Sie gehören zu Wien wie das Pub zu London oder das Bistro zu Paris: Die vielen hundert, über die Stadt verstreuten „öffentlichen Wohnzimmer" sind bis heute Inbegriff einer Wiener Alltagskultur. Die spüren Sie am besten im glanzvoll renovierten *Central* → S. 65, 103

● *Besuch der Staatsoper*
Das „Haus am Ring" hat Wiens Ruf als Welthauptstadt der Musik geprägt: Sie haben die Chance, fast jeden Abend eine andere Oper auf allerhöchstem Niveau zu sehen und zu hören → S. 87

● *Fiakerfahrt*
Im Pferdegespann gemächlich durch die engen Gassen der Innenstadt oder über die Ringstraße zu rollen gehört nicht nur zu den viel besungenen Wien-Klischees, sondern ist tatsächlich ein großes Vergnügen (Foto) → S. 115

● *Heurige bei Reinprecht*
Zu den bekanntesten Adressen, in denen die Wiener der sprichwörtlichen Gemütlichkeit frönen, zählt der *Reinprecht* im Herzen von Grinzing: Unter Weinranken genießen Sie hier jungen Wein und kalorienreiche Freuden vom Büfett → S. 64

● *In die Abgründe des Sigmund-Freud-Museums*
Auch wenn niemand mehr auf die Couch gelegt wird: In den Originalräumen jener Ordination, in der einst der Vater der Psychoanalyse die Tiefen der menschlichen Seele ausleuchtete, spüren Sie noch heute eine besondere Aura → S. 50

● *Eine Runde auf dem Riesenrad*
Die mächtige Stahlkonstruktion gilt neben „Steffl" und Schönbrunn als Wahrzeichen Wiens schlechthin. Eine Runde in einem der knallroten Waggons zu drehen ist ein großer Spaß, speziell im Frühling, wenn zu Ihren Füßen im Prater „wieder die Bäume blühn" → S. 57

● *Einmal ins Burgtheater*
Die „Burg", wie die berühmte Bühne an der Ringstraße auch heißt, gilt als ein Flaggschiff deutscher Sprechkunst. Ob Klassiker oder provokant-zeitgenössisches Theater: Ein Besuch lohnt allemal → S. 89

TYPISCH

6 | 7

BEST OF ...

SCHÖN, AUCH WENN ES REGNET
Aktivitäten, die Laune machen

REGEN

● *Kunst, Kaffee und Kuchen*
Für das *Kunsthistorische Museum*, eins der größten Kunstmuseen der Welt, sollten Sie viel Zeit mitbringen – für die grandiose Gemäldesammlung und um die opulente Innenausstattung auf sich wirken zu lassen. Zum Abschluss schmecken Kaffee und Kuchen unter der Kuppel → S. 37

● *Erlesenes im Musikverein*
Betreten Sie den „Goldenen Saal", hören Sie den Regen nicht mehr, sondern werden mit klassischen Klängen, Traumakustik und Prachtambiente verwöhnt → S. 87

● *Kaffeehauskultur im Café Sperl*
Glaslüster, Marmortischchen, Thonet-Sessel und Plüschbänke, dazu Billardtische, ein guter Kaffee und Kuchen sowie Zeitungen aus aller Welt: In diesem gemütlichen Kaffeehaus nach Wiener Art vergessen Sie die Zeit und den grauen Himmel → S. 67

● *Welt der Töne im Haus der Musik*
Wer hier ein traditionelles Museum erwartet, irrt gewaltig! Eine höchst unterhaltsame, weil multimediale und interaktive Reise durch die Welt der Töne erwartet Sie in dem aufwendig renovierten Palais, in dem 1842 die Wiener Philharmoniker gegründet wurden → S. 34

● *Dorotheum: Elegantes und Edles*
Ein wunderbares Schauvergnügen im Trockenen bietet das älteste Pfand- und Auktionshaus der Welt: Stöbern zwischen exklusivem Porzellan und Büchern, Schmuck, Gemälden und Möbeln (Foto) → S. 75

● *Hofburg: Ausdruck von Macht und Prunk*
Ein Rundgang durch das weitläufige einstige Epizentrum der Macht lässt Sie hautnah erleben, wie groß die Prunklust und Sammelwut der habsburgischen Herrscher war → S. 34

ENTSPANNT ZURÜCKLEHNEN
Durchatmen, genießen und verwöhnen lassen

● *Auftanken in der Therme Wien*
Ideal zur Entspannung von Körper und Geist: In der weitläufigen Poollandschaft der *Therme Wien* erfrischen Sie die Glieder, in den Saunen und Duftgrotten können Sie anschließend relaxen und wieder sanft auftanken → S. 43

● *Liegen im MQ-Innenhof*
Zu einer allseits beliebten Relaxzone hat sich das große Innenhofareal des *Museumsquartiers* gemausert. Die riesigen Loungeliegen laden zum gepflegten Nichtstun und Ausruhen ein → S. 48

● *Teatime bei Haas & Haas*
Das traditionsreiche Teehaus eignet sich prima für eine stilvolle Pause während des City-Bummels. Zum *afternoon tea* machen Sie es sich am besten in den gemütlichen Korbstühlen im schattigen Innenhof bequem → S. 65

● *Ausflug an die Binnen-Adria*
An die *Neue Donau* können Sie mit dem Fahrrad oder zu Fuß zum Faulenzen an schier endlosen Stränden in völlig unbebauter Natur fahren. Breiten Sie Ihr Handtuch aus, und hören Sie dem Plätschern der Donauwellen zu → S. 19, 58

● *Wein genießen und Wien von oben*
Ein erhebender Anblick: Was das *Sirbu* im wahrsten Sinne des Wortes himmelhoch über andere Heurigen erhebt, ist die Lage inmitten von Weingärten und der Traumblick hinunter auf die Stadt w→ S. 65

● *In der Strandbar Herrmann*
Als läge Wien direkt am Mittelmeer: Im Sommer säumt an der Mündung des Wien-Flusses ein langer Sandstrand samt Bar das Ufer des Donaukanals. Von smarter Lounge-Musik umsäuselt, süffeln Sie leckere Drinks und genießen den phantastischen Blick über den Donaukanal auf die neue Skyline des 2. Bezirks (Foto) → S. 39

8 | 9

AUFTAKT

ENTDECKEN SIE WIEN!

Ist von Wien die Rede, kommen einem unweigerlich Klischees in den Sinn: Schloss Schönbrunn, Riesenrad und Stephansdom, Sachertorte mit Schlagobers, Lipizzaner, Sängerknaben und Walzerkönig Strauß. Doch das Bild von der postimperialen Ansichtskartenidylle ist dringend ergänzungsbedürftig.

Gewiss, die festlich illuminierte Ringstraße samt Hofburg ist von kaum zu überbietender Pracht. Auch haben sich in zahlreichen Heurigen, Beisln und Kaffeehäusern hartnäckig Restbestände kaiserlich-königlicher Gemütlichkeit aus der Habsburger-Epoche erhalten. Und welcher Musikliebhaber gerät nicht ins Schwärmen beim Besuch weltberühmter Musentempel wie Musikverein oder Staatsoper? Dennoch sind die vertrauten Bilder vom schokoladensüßen, musik- und manchmal auch weinseligen Idyll zu korrigieren. Denn die 1,67 Mio. Einwohner zählende Stadt an der Donau hat sich in den letzten Jahren zur Boomtown Zentraleuropas gemausert: dynamisch und selbstbewusst, strotzend vor Energie und Lebenslust – der Wirtschaftsmotor und kreative Nabel einer Nation, die nicht zufällig zu den (erfolg)reichsten und lebenswer-

Bild: Stadtansicht mit Burgtheater

testen Ländern Europas, ja der Welt zählt. Heurige und Hip-Hop, Sisi und Schönberg, Kaiserschmarrn und Fusionküche – wer Wien besucht, unternimmt gleich zwei Reisen. Die eine führt in die glanzvolle Vergangenheit, deren imperiale Pracht entlang der Ringstraße, in Schloss Schönbrunn und rund um den Stephansdom garantiert jeden betört. Die andere katapultiert Sie in eine multikulturelle Weltstadt, mitten ins Herz des erweiterten Mitteleuropas. Die wundersame Verjüngung der nach 1945 lange Zeit grauen, mürrischen, ja morbiden Stadt setzte Mitte der 1970er-Jahre ein. Ein beträchtlicher Teil der überwiegend desolaten Bausubstanz aus früheren Jahrhunderten wurde instand gesetzt, und sogar die zeitgenössische Architektur konnte sich in einigen Renommierprojekten manifestieren, am spektakulärsten wohl im Haas-Haus am Stephansplatz. 1979 wurde die Uno-City eröffnet – seither ist Wien nach New York und Genf der dritte Uno-Sitz. In jenen Jahren des Aufbruchs etablierte sich auch eine großzügig subventionierte Alternativkultur mit zahllosen Klein- und Mittelbühnen, parallel dazu entstand eine quicklebendige Bar- und Beislszene.

Heurige und Hip-Hop, Sisi und Schönberg

Einen entscheidenden Impuls zur Belebung erhielt Wien 1989 durch das Verschwinden des Eisernen Vorhangs. Mit einem Mal lag die einstige Kaiserstadt nicht mehr am äußersten Rand der westlichen Welt, sondern fungierte, wie schon zu Zeiten der

Wiens schönster Brunnen: der 1737–39 erbaute Donnerbrunnen am Neuen Markt

AUFTAKT

Monarchie, als kulturelle, politische und wirtschaftliche Drehscheibe zwischen Ost und West. Einen weiteren Modernisierungsschub bekam die Stadt, die schon seit Urzeiten sozialdemokratisch regiert wird – seit den Gemeinderatswahlen im Herbst 2010 allerdings in Koalition mit den Grün-Alternativen als Juniorpartner –, 1995 durch Österreichs EU-Beitritt. Als 2004 u. a. auch die Nachbarländer Ungarn, Slowakei und Tschechien zur EU kamen, profitierte Wien stark durch intensivierte Bande zu ihnen. 2010 schließlich wurde Wien im Rahmen der renommierten Mercer-Studien zur Stadt mit der weltweit höchsten Lebensqualität gekürt. Die Gründe dafür sind vielfältig. Da ist zum Beispiel das besondere Lebensgefühl, dessen sich die Wiener gerne rühmen. Ihre Gemütlichkeit und ihr sprichwörtlicher Schmäh, also die Fähigkeit, selbst traurigen Situationen mit Humor und Sprachwitz zu begegnen, mögen Klischees sein; doch mischen Sie sich bloß einmal beim Heurigen unter die weinseligen, vor sich hin räsonierenden Einheimischen oder beobachten Sie in einem der ehrwürdigen Cafés die Stammgäste, wie sie bei einer Schale Melange plauschend oder Zeitung lesend alle Hast abstreifen, und Sie werden erkennen, wie gültig diese Vorstellungen immer noch sind.

Allerdings ist Wien keineswegs in allen Belangen eine idyllische Insel im turbulenten Strom der Zeit. In der Bundeshauptstadt spiegelt sich naturgemäß wie in einem Brennglas die gesamtösterreichische Situation wider. Die (gesellschafts-)politische Großwetterlage ist getrübt durch allerlei dunkle Wolken, die teilweise seit Jahren über Stadt und Land hängen. Ein Beispiel ist die Bildungsmisere: Die flächendeckende Einführung von Ganztagsschulen sowie einer Gesamtschule für 10- bis 14-Jährige wurde trotz

> **Ein besonderes Lebensgefühl: der Wiener Schmäh**

verheerenden Abschneidens der Schüler bei diversen Pisa-Tests immer noch nicht entschieden. Auch die Universitäten nehmen in den internationalen Rankings beschämend schlechte Plätze ein. Woran auch das 2009 nahe der nördlichen Stadtgrenze, bei Klosterneuburg, ins Leben gerufene Weltklasse-Institut für Wissenschaft und Technologie (IST Austria) nichts zu ändern vermag. Auch beim Thema Landesverteidigung drücken sich die Verantwortlichen vor längst überfälligen Entscheidungen wie die Abschaffung der allgemeinen Wehrpflicht oder die aus europapolitischer Perspektive veraltete Neutralität. Den Zustand der öffentlichen Meinung, die von Boulevardzeitungen und dem krisengeschüttelten öffentlich-rechtlichen Rundfunk (ORF) dominiert wird, empfinden viele als ebenso katastrophal wie das Niveau der Debatten im Parlament. Und die beiden Großparteien, SPÖ und ÖVP, die lange Zeit gleichsam als „Ersatzkirchen" geschlossene Weltbilder und Lebensformen vermittelten und als Große Koalition nach wie vor das Land regieren, gelten als notorisch reformunfähig und -willig und leiden deshalb unter dramatischem Mitglieder- und Wählerschwund.

Es mag paradox erscheinen, dass Stadt und Land trotz solch lähmender Umstände im internationalen Vergleich in vielerlei Hinsicht hervorragend dastehen. Die Wirtschaftsdaten etwa sind blendend, die Exportwirtschaft boomt, und die Jugendarbeitslosigkeit liegt weit unter EU-Durchschnitt. Auch der soziale Friede scheint gesichert. Das Zusammenleben der „waschechten" Wiener mit den Zuwanderern – von denen übrigens die Mehrheit aus der Türkei, aus Deutschland und aus Polen stammen – funktioniert in der Realität ungleich besser, als der öffentliche Diskurs und die lange Zeit sträflich vernachlässigte Integrationspolitik vermuten ließen. Dementsprechend hoch ist die öffentliche Sicherheit: Auf Wiens Straßen ist es möglich, sich selbst mitten in der Nacht gefahrlos zu bewegen.

Auch die Qualität von Luft und Wasser, Wäldern und Stränden kann sich sehen lassen: Die Stadt erweist sich als erstaunlich staub- und smogfrei. Einen wesentlichen Beitrag hierzu leistet die üppige Vegetation: Prater, Lobau, Laaer Berg, Schönbrunn, der Lainzer Tiergarten, die ausgedehnten Wälder zwischen Wiental und Leopoldsberg im Nordwesten und die zahlreichen innerstädtischen Parks machen fast 50 Prozent des 415 km² großen Stadtgebiets aus. Als weiterer Sauerstoffspender und Schmutzfilter fungieren Teile des viel besungenen und oft gemalten Wienerwalds, der, an manchen Stellen über 40 km breit, Wien im Westen halbkreisförmig umfasst. Besonders schön und stadtnah ist die Neue Donau, ein einzigartiges Erholungsparadies, an dessen kilometerlangen Stränden an heißen Tagen und in Sommernächten ein Trubel wie in Rimini herrscht.

650 Jahre lang herrschten die Habsburger

In gewissem Sinn entspricht Wiens malerische Lage der historischen Rolle, die es in seiner über zweitausendjährigen Geschichte spielte. Zwischen den östlichen Ausläufern der Alpen und dem westlichen Rand des Karpatenbogens in ein Becken geschmiegt, das in sanften Terrassen zur Donau hin abfällt, wurde es ebenso Grenzbastion gegen – vornehmlich aus dem Osten – einfallende Völker wie ein Ort der Begegnung. Zur Römerzeit lag hier ein wichtiges Heerlager, Vindobona, das den Donaulimes, die Reichsgrenze zu Germanien, sichern half. Im Hochmittelalter hatten die Babenberger hier gut ein Jahrhundert lang ihre Residenz. Während der folgenden fast 650 Jahre herrschten die Habsburger von Wien aus über ihr riesiges Reich. Zweimal, 1529 und 1683, bestürmten die Türken die Stadt, beide Male vergeblich. Im Gegenzug stieg Österreich zur Großmacht auf. Wien, das östliche Bollwerk der Christenheit, dessen Vorstädte und Vororte speziell unter der zweiten Belagerung arg gelitten hatten, wurde unter Kaiser Leopold I. und Karl VI. wieder auf- und ausgebaut zu einer glanzvollen Barockmetropole mit prächtigen Kirchen, Palästen und Regierungsgebäuden. Von seinem Korsett aus Bastionen und Befestigungswällen befreite es 1857 Kaiser Franz Joseph I. Er ließ auf dem frei gewordenen Areal den Prachtboulevard der Ringstraße anlegen. In der zweiten Hälfte des 19. Jhs., der Ära massiver Industrialisierung, wuchs sich die Kaiserstadt zu einer modernen Metropole aus – einer der damals weltweit größten. Die Einwohnerzahl erreichte 1910 mit über 2 Mio. ihren Höchststand.

Bereits im Laufe des 19. Jhs. hatten sich in der Donaumetropole die Kulturen Zentral- und Osteuropas vermengt. Das Ergebnis war jene dichte und schöpferische Atmosphäre, die als „Wiener Fin de Siècle" in die Geistesgeschichte einging. Da-

AUFTAKT

mals waren die großen Kaffeehäuser Kristallisationspunkte der europäischen Intelligenz. Dichtergrößen wie Hugo von Hofmannsthal, Franz Werfel und Josef Roth verfeinerten dort ihren Sprachsinn; Egon Erwin Kisch und Karl Kraus kreuzten die spitzen Federn, Bertolt Brecht und Leo Trotzki spielten Schach, und selbst Sigmund Freud schaute regelmäßig vorbei, um beim Kaffee seine Theorien durch Beobachtung am lebenden Objekt zu überprüfen. Einen Rest jener inspirierenden Atmosphäre können Sie im Griensteidl, im

Kaffeehäuser mit kreativer Atmosphäre

Hauptwerk des Wiener Jugendstils: Secession mit vergoldeter „Krautschopf"-Kuppel

Bräunerhof, im Central und anderen Orten der Wiener Kaffeehaustradition auch heute noch nachempfinden. Tatsächlich ist die geistige und künstlerische Kreativität der Stadt nach wie vor beachtlich. Die mehr als 9 Mio. Gäste, die alljährlich in die österreichische Hauptstadt herbeiströmen, kommen zum größten Teil wegen der reichen Kulturtradition – um im Musikvereinssaal oder in der Oper, wo ein Richard Strauss, ein Gustav Mahler und ein Herbert von Karajan dirigierten, den samtenen Klängen der Philharmoniker zu lauschen oder um zu den Beethoven- und Schubert-, den Haydn- und Lehár-Gedenkstätten zu pilgern. Doch die Musik ist nur eine Seite von Wien. Schlendern Sie auch über die Ringstraße, den Heldenplatz und durch die mittelalterlichen Gässchen; besuchen Sie die gotischen und barocken Kirchen, die altehrwürdigen Theater, die grandiosen Kunstmuseen und die glanzvollen Paläste wie das Belvedere und Schloss Schönbrunn. Und verkosten Sie abends in Grinzing beim Heurigen den frischen Wein. Oder Sie stürzen sich einfach Hals über Kopf in das turbulente Treiben der Innenstadtszene und am Gürtel und machen in den Diskos und Bars die Nacht zum Tag.

14 | 15

IM TREND

1. Design auf der Spur

Kunstevents In Wien erleben Sie Kunst mit allen Sinnen. In der Galerie *Via Arte* setzt man auf den Mix verschiedener Ausdrucksformen. Beispielsweise beim Tangotanz zwischen den Werken *(Geibelgasse 14–16, www.viaarte.info)*. Beim *Galerienrundgang* *(www.galerienrundgang.at)* u. a. durch die *Galerie Frey (Gluckgasse 3, www.galerie-frey.com)* dreht sich alles um die Kunst. Oder Sie wandeln auf dem *Designpfad,* bei dem ein Doppeldeckerbus Stationen wie angesagte Designer-Stores und Galerien verbindet *(www.designpfad.at, Foto)*.

2. Teekultur

Asien lässt grüßen Wer genug von Kaffeehäusern hat, kann sich in die asiatische Teekultur einführen lassen. Tee mit glibberigen bis knusprigen Geleestückchen und Milch oder Saft, sogenannten Bubble Tea, serviert *tea-licious (Margaretenstraße 22, www.tea-licious.at, Foto)*. *Cha-no-ma* stellt den Matcha-Tee in den Vordergrund seiner modernen japanischen Teekultur *(Faulmanngasse 7)*. Kusmi-Tee für Daheim gibt es bei *Grand Cru (Kaiserstraße 67, www. grandcru.at)*.

3. Vinyl Revival

Plattenläden Sie wollen Ihre Plattensammlung aufmotzen? Dann sind Sie in Wien richtig! In gut sortierten Läden wie *Soul Seduction (Zur Spinnerin 19, www.soulseduction.com)* feiert Vinyl ein Revival. Rare Stücke besorgt Doris Schartmüller von *Rave Up Records*. Stammkunden verlassen sich auf ihre Empfehlungen *(Hofmühlgasse 1, www.rave-up.at, Foto)*. Die charmanteste Fundgrube der Stadt? Familie Teuchtler betreibt ihren Plattenladen, der gleichzeitig ein Antiquariat ist, in der dritten Generation *(Windmühlgasse 10)*.

In Wien gibt es viel Neues zu entdecken. Das Spannendste auf dieser Seite

Natur in der Großstadt

Grünes Wien Kein Schmäh. Auch mitten in der Stadt können Sie Natur erleben. Workshops und Führungen im *Biosphärenpark Wiener Wald* entführen ins Grüne, z. B. zu Kräuterwanderungen *(www.bpww.at, Foto)*. Von Mitte April bis Mitte Oktober kommen Pflanzenfreunde am *Palmenhaus* und am *Florarium* der *Blumengärten Hirschstetten* nach Anmeldung bei Führungen und Workshops auf ihre Kosten *(Quadenstraße 15, www. wien.gv.at)*. Naherholung gesucht? Wie wäre es mit dem neuen Lumbyepark oder Asperner Heustadelpark, wie viele ihn nennen *(neben Sophie-Scholl-Gasse 8)*? Lange Winter überbrücken Naturfreunde mit dem *Blumenball* im Rathaus. Die Veranstaltung mauserte sich vom einstigen Blumenkränzchen der Stadtgärtner zu einem der beliebtesten Events der Stadt *(www.ballkalender.cc)*.

Fashion Vienna Style

Der Mix macht's Wiens Jungdesigner sind mutig und die Boutiquen ausgefallen. Lena Hoschek *(Gutenberggasse 17, www.lenahoschek.com)* oder Susanne Bisovsky *(z. B. bei Sisi Vienna, Annagasse 11, www.bisovsky.com)* kombinieren Trachtenlook mit punkigen Accessoires zu frecher Mode. Fashion Victims fühlen sich im *Mon Ami* wohl. In den hinteren Räumen des Café-Ateliers präsentieren und verkaufen junge Modemacher ihre Kreationen. Einigen kann man sogar beim Schneidern zusehen *(Theobaldgasse 9, www.monami. at)*. Neue Kollektionen von Newcomern und etablierten Designern der Stadt finden Sie im *Samstag Shop* in außergewöhnlichem Ambiente *(Margaretenstraße 46, www.samstag-shop.com, Foto)*.

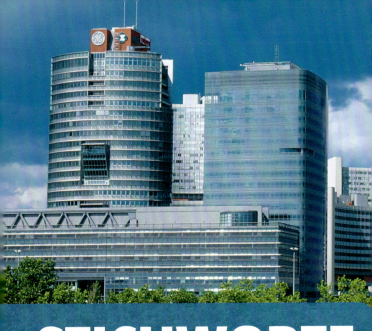

STICHWORTE

ARCHITEKTUR
Zwei Gesichter offenbart Wien, was sein Stadtbild betrifft: Da ist einmal das altehrwürdige Zentrum, dessen wohltuend unzeitgemäße Umrisse von gotischen und historistischen Türmen, von barocken Kuppeln und einem Meer ziegelgedeckter Häuser aus Biedermeier und Gründerzeit geprägt sind. Hier steht die Hofburg, ein riesiger, verschachtelter Palastkomplex, von dem aus die Habsburger zeitweise über halb Europa herrschten. Vereinzelt sind im Zentrum noch bauliche Reste des Römerlagers Vindobona zu finden.

Zum anderen aber schießt an und jenseits der Donau seit einigen Jahren die Skyline eines zweiten, ultramodernen Brennpunkts urbanen Lebens in den Himmel. Andromeda- und Millenniumstower, Uno-City (mit Heinz Tesars neuer Kirche zu ihren Füßen) und Austria-Center, der Wohnpark Donau-City, das Technologiezentrum Tech Gate sowie ein Rudel weiterer Büro- und Apartmenttürme stellen die Dynamik der einstigen Kaiserstadt unter Beweis. Und begeistern Fans moderner Architektur. Unter den Schöpfern der futuristischen Neustadt finden sich prominente Namen wie Hans Hollein, Gustav Peichl, Harry Seidler und Coop Himmelb(l)au.

DONAU
Jahrhundertelang lag Wien, allen Walzerklischees zum Trotz, nicht an der schönen blauen Donau, sondern neben ihr. Erst gegen Ende des 19. Jhs., als der

Bild: Uno-City

Zwischen Hip-Hop und Habsburgern, Biedermeier oder Kruder & Dorfmeister: Wien von klassisch bis schön schräg

in Wahrheit übrigens graubraune Fluss reguliert wurde, rückte ihm die Stadt nahe und übersprang schließlich seine Ufer. Richtig intim wurde das Verhältnis zwischen Stadt und Strom aber erst in den 1970er-Jahren. Da grub man, um die Hochwassergefahr ein für alle Mal zu bannen, ein zweites Flussbett. Und dabei entstand eine Insel, 200 m breit und über 20 km lang, die kurzerhand zum Freizeit- und Erholungsgebiet umgebaut wurde – eine gigantische Binnenadria, die den Wienern mittlerweile richtig ans Herz gewachsen ist. Radfahrer, Wanderer, Jogger und Inlineskater lieben die langen asphaltierten Wege auf der ● Donauinsel. Pfadfinder und Grillfans brutzeln sich an Wochenenden an eigens angelegten Uferplätzen ihr Mittagsmahl. Und nebenan hoffen Angler auf reichen Fang.

Im Hochsommer wird diese künstliche Naturlandschaft zu einem zentraleuropäischen Rimini. Sonnenanbeter nehmen dann die Liegewiesen und Strände aus Sand und Schotter in Beschlag, fahren Tretboot und Wasserski, spielen

Kaffee mit Königspaar: Sisi und Franz Joseph als Wandschmuck im Café Central

Streetsoccer, Basket- und Beachvolleyball. Und nach Sonnenuntergang macht ein vorwiegend junges Publikum in den zahlreichen Restaurants, Bars und Diskos der Vergnügungsmeile *Copa Cagrana*, deren Name zum Teil vom nahe gelegenen Stadtteil Kagran stammt, die Nacht zum Tag.

HABSBURGER

Mehr als 90 Jahre ist sie nun schon in der politischen Versenkung verschwunden. Doch der Mythos dieser Dynastie, die über sechs Jahrhunderte lang von Wien aus ein Imperium beherrschte, ist (fast) so lebendig, als walte der alte Kaiser noch leibhaftig seines Amtes. Um das zu erkennen, genügt ein Blick in die Regale jedes x-beliebigen Buchladens, stapeln sich dort doch die Biografien von Maria Theresia, Kronprinz Rudolf und Sisi im Dutzend. Nicht zufällig liegen in der Kaisergruft vor etlichen Sarkophagen stets frische Blumen. Nicht zufällig wurde für Kaiserin Elisabeth ein eigenes Museum eröffnet. Nicht ohne Grund prangt in den noblen Einkaufsstraßen auf einigen Firmenschildern noch das Prädikat „k. u. k. Hoflieferant", glänzen in den Souvenirshops die habsburgischen Stammfarben Schwarz und Gelb auf Konfekt und T-Shirts; und lassen sich bis heute Fiakerkutscher, um Kaiser Franz Joseph möglichst ähnlich zu sehen, lange Backenbärte wachsen.

Was dahinter steckt? Mit Sicherheit viel kommerzielles Kalkül. Für eine kleine Minderheit vielleicht echte politische Sehnsucht. Für das Gros der Wiener hingegen wohl nur das, was sie aus Gewohnheit allem Vergangenen entgegenbringen: posthume Verherrlichung. Wie meinte der Satiriker Helmut Qualtinger klarsichtig: „In Wien musst sterben, bevorst berühmt wirst. Wennst aber einmal tot bist, lebst fast ewig."

KABARETT

Die Wurzeln liegen, wie bei so vielen Facetten der quirligen Kunstszene, in den 1980er-Jahren. Helmut Qualtinger, Ahnherr des Wiener Nachkriegskabaretts und Schöpfer der unsterblichen Figur des prototypischen Alltagsfaschisten „Herr Karl", lebte noch, als die zeitkritische Kleinkunst einen ersten Boom hatte. Das mehrheitlich junge Publikum genoss es, während der Vorstellung essen, trinken, rauchen und herzhaft lachen zu dürfen – und sich dabei gleichzeitig als kritischer Bürger zu fühlen.

Mittlerweile hat sich die örtliche Kleinkunst, ohne Abstriche bei der Qualität zu machen, zu einer Massenbewegung entwickelt. Mehr als ein Dutzend Häuser, von der kleinen *Niedermair*-Bühne bis zum Riesensaal namens *Palais Novak* oder dem 2011 eröffneten *Stadtsaal*, haben sich auf Kabarett spezialisiert. An Spitzenabenden werden an die 2500 Tickets im Kabarett verkauft.

Wobei die Grenzen zum Theater verschwimmen: Stars wie Josef Hader oder Thomas Maurer etwa haben sich als Darstellerautoren mit Solostücken, in denen sie anstatt sich selbst eine Rolle spielen, einen Namen gemacht. Andere Vertreter der Zunft jedoch, Karl Ferdinand Kratzl zum Beispiel, Alf Poier, Martin Puntigam oder das im Bereich Stand-up-Comedy erfolgreiche Duo Stermann & Grissemann, vertrauen auf deutlich ätzendere Komik und schrägere Dramaturgie.

Die Sorge übrigens, als Gast aus Regionen, die nördlich des „Weißwurstäquators" liegen, dialektbedingt an der Sprachbarriere zu scheitern, ist meistens unbegründet. Das Gros der Kabarettisten spricht ein durchaus überregional verständliches Deutsch.

MULTIKULTI

Die Widersprüchlichkeit des Wiener Herzens zeigt sich eindrücklich in seinem Verhältnis gegenüber „den Ausländern", deren Anteil an der Bevölkerung etwa 18 Prozent beträgt: Einerseits fallen die fremdenfeindlichen Phrasen von Heinz-Christian Strache, dem Nachfolger des 2008 tödlich verunglückten Berufsprovokateurs Jörg Haider als Chef der Rechtspartei FPÖ, und seinesgleichen gerade in der Bundeshauptstadt nach wie vor auf erschreckend fruchtbaren Boden. Was ein waschechter Wiener ist, der verdrängt nur zu gern, dass sein Stammbaum in der Regel einen ungarischen Onkel und eine böhmische Großmutter umfasst.

Andererseits genügt ein Blick auf Wiens Straßen, Plätze und Märkte, um sofort die pragmatische Toleranz zu erkennen, mit der diese Stadt ihre Zuwanderer integriert. Da verkaufen griechische und türkische Händler einträchtig nebeneinander Oliven und Fladenbrot. Viele Araber und Iraner, die zum Medizinstudium hierher kamen, praktizieren inzwischen als hoch angesehene Ärzte. Und zahlreiche Familien der seinerzeit aus Kroatien, Serbien und der Türkei herbeigeströmten Gastarbeiter sind längst Wiener mit Brief und Siegel, deren Kindern die weichen, gedehnten Vokale des hiesigen Dialekts perfekt von der Zunge gehen.

Kein Wunder also, dass die Wiener stolz darauf sind, dass kein anderes europäisches Land in Relation zu seiner Einwohnerzahl 1956 so viele Ungarn, 1968 so viele Tschechen und in den 1990er-Jahren so viele Flüchtlinge aus Exjugoslawien aufgenommen hat wie Österreich. Und dass Pöbeleien oder gar Tätlichkeiten dumpfer Chauvinisten gegen Ausländer in Wien bis heute glücklicherweise nur ganz selten passieren.

MUSIK

Für jugendliche Stadtbesucher mögen Strauß-Walzer und Staatsoper alte Hüte sein. Als eine Weltmetropole der Musik hat Wien jedoch auch bei der House- und Hip-Hop-Generation keineswegs abzudanken. Denn außer Hörweite der viel gepriesenen klassischen Klänge hat sich hierorts – fast möchte man sagen still und heimlich – eine zeitgenössische Topszene etabliert. Den Anfang machten schon in den 1970er-Jahren Popbarden wie die bis heute hoch aktiven Wolfgang Ambros und Rainhard Fendrich. In den 1980ern bewies dann Falco als Nummer eins der US-Charts, dass es auch so etwas wie genuines Rap-Feeling Marke Rotweißrot gibt. Und um die Jahrtausendwende schwangen sich örtliche Sampling- und Remixing-Götter wie Kruder & Dorfmeister, Pulsinger & Tunakan, Makossa oder The WAZ Experience ganz hinauf in den internationalen Elektronikhimmel. Seither endet kaum ein Tauchgang ins Wiener Nachtleben, ohne dass man ob der schrägen Soundkreationen solcher Star-DJs, aber auch so mancher Nachwuchsdesperados am Pult nachhaltig in Verzückung gerät.

TRINKWASSER

Welch hohe Lebensqualität Wien auszeichnet, merkt man auch beim Öffnen des Wasserhahns. Denn da rinnt einem nicht etwa, wie in den allermeisten Großstädten, chlorreich aufbereitetes Nass aus dem Untergrund oder gar der Kläranlage entgegen, sondern kristallklares, schmackhaftes Quellwasser aus dem Hochgebirge. Zu verdanken haben die Wiener dieses Privileg einem Geologen namens Eduard Suess, der vor 130 Jahren – übrigens gegen heftigen behördlichen Widerstand – das visionäre Projekt einer Hochquellenwasserleitung verwirklichte. Seit 1873 nun schon fließt das kostbare Nass aus dem Kaiserbrunnen im Rax- und Schneeberggebiet ohne Unterlass 90 km weit durch zahlreiche Stollen und über Aquädukte direkt in die österreichische Hauptstadt. Und seit 1910 befördert eine zweite, ähnlich lange Leitung zusätzlich Gebirgswasser aus dem steirischen Hochschwab-Gebiet Richtung Wien. Gemeinsam drücken die beiden wegweisenden Anlagen nachhaltig die Umsätze der regionalen Mineralwassererzeuger.

WEIN

Eine wenig beachtete Attraktion Wiens ist sein Wein. Zwar sind die gemütlichen Heurigenlokale, in denen man zum Wein deftige „Schmankerln" vom Büfett und schmalzige Livemusik genießt, legendär und viel besucht. Doch dass an den Rändern der Stadt edle Tropfen nicht nur getrunken, sondern auch angebaut und gekeltert werden, beginnt sich erst langsam herumzusprechen. Sogar renommierte Preise heimsen die Weine mittlerweile ein. Wohl keine andere Hauptstadt der Welt verfügt über eine ähnlich reiche, tief in der Vergangenheit wurzelnde Winzerkultur. Und in keiner zweiten sind heutzutage so innovative Weinbauern am Werk.

Für den Rebbau genutzt wurden die fruchtbaren Böden und das warme, trockene Klima am Ostende der Alpen schon vor 2500 Jahren von den Kelten. In der Römerzeit führte Kaiser Probus neue Sorten und Kultivierungsmethoden ein. Und im Spätmittelalter schwammen die Wiener gleichsam im Rebensaft, sodass sie, wie alte Chroniken überlieferten, pro Kopf und Jahr bis zu 120 Liter „soffen". Sogar zum Anrühren des Mörtels für den Stephansdom verwendeten sie den Rebensaft.

Im 19. Jh. hatte dann die Reblaus im Verbund mit hohen Steuern und der Konkur-

STICHWORTE

Rebstöcke in Klosterneuburg bei Wien, einem der ältesten Weingüter Österreichs

renz von Kaffee und Bier, die zu Modegetränken avanciert waren, dem örtlichen Weinbau beinahe den Garaus gemacht. Bis in die jüngste Vergangenheit noch ging Quantität in der Regel vor Qualität. Insbesondere der Grüne Veltliner, die mit Abstand beliebteste Sorte, fand hektoliterweise, mit Sodawasser vermischt, als sogenannter G'spritzter seinen Weg über die charakteristischen Viertelliter-Henkelgläser in die durstigen Kehlen. Eine rustikale Art des Weingenusses, bei der önologische Kenner wohl eher die Nase rümpfen.

Insgesamt 230 „Weinhauer" – so nennt man in Ostösterreich die Winzer – bewirtschaften gegenwärtig auf Wiener Boden insgesamt 6,8 km² Rebfläche. Bis zu 2 Mio. Liter, davon rund vier Fünftel Weißweine, beträgt ihre Ernte, die sie zu mehr als zwei Drittel an örtliche Heurigen verkaufen. Wobei in den letzten Jahren mehr und mehr Betriebe auf konsequente Verfeinerung setzen. Zu den verdientesten Vorkämpfern dieser Qualitätsrevolution zählen Winzer wie Fritz Wieninger und Rainer Christ, Michael Edlmoser und Richard Zahel. Sie betreiben neben ihren innovativen Weingütern auch sehr schicke Heurigenlokale. Und gemeinsam mit Gleichgesinnten inszenieren sie in Kooperation mit der Stadt Wien eine Reihe von Veranstaltungen – von Rebblütenfesten und Weingartenpicknicken über Verkostungen und Seminare bis zu Wienerliedabenden und Weinwandertagen. Alljährlicher Höhepunkt ist die stets Ende Juni/Anfang Juli im Hof des Rathauses aufwendig inszenierte Verleihung des Wiener Weinpreises mit Verkostung von Spitzenweinen *(www.wienerweinpreis.at)*. Weitere Infos: *www.wienerwein.at*.

DER PERFEKTE TAG
Wien in 24 Stunden

07:45 EINE RUNDE AM RING

Früh aufstehen lohnt! Am besten noch vor der Rushhour sollten Sie eine Straßenbahn der Linie 1 besteigen. Eine bessere Einstimmung auf die Pracht der alten Habsburgermetropole ist kaum möglich. Die *Ringstraße* → S. 43 entlangfahrend, glänzen im Morgenlicht die Prunkbauten – von der Oper, vorbei an Parlament und Rathaus, bis zum Donaukanal und retour.

08:30 KAFFEEHAUS & NASCHMARKT

Es folgt eine kurze Stärkung in einem Paradekaffeehaus, dem *Sperl* → S. 67. Bestellen Sie eine Melange samt *rescher* (knuspriger) Kaisersemmel und Ei im Glas... Frisch gelabt, geht's hinunter in den „Bauch von Wien", den *Naschmarkt* → S. 78 (Bild li.). Hier stapeln sich Berge von Obst, Gemüse und Delikatessen. Nicht nur schön zum Anschauen, da und dort sollten Sie auch eine kleine Köstlichkeit probieren.

09:30 SCHÖNBRUNN

Vom Endpunkt des Naschmarkts bringt Sie die U 4 von der Station Kettenbrückengasse in wenigen Minuten hinaus nach *Schönbrunn* → S. 59. Eine Führung durch die Prunkräume des Schlosses ist ein Muss. Doch sollten Sie unbedingt auch durch den weitläufigen Park hinauf zur Gloriette spazieren. Wenn Zeit bleibt, wäre ein Abstecher in den *Tiergarten* → S. 60, immerhin der älteste der Welt, eine gute Option.

12:00 LUNCH MIT AUSSICHT

Grummelt schon der Magen? Zurück in der City (Tram 58, danach U 3), lockt das *Museumsquartier* → S. 48 mit etlichen Lokalen. Das schicke, trotz feiner Kost sehr erschwingliche *Halle Café-Restaurant* → S. 65 mit Blick auf den MQ-Innenhof bietet sich für einen Lunch mit Aussicht an.

13:00 KUNSTERLEBNIS VOM FEINSTEN

Gut gestärkt, können Sie sich nun eins der hochkarätigen Museen vorknöpfen: Liebhaber von Schiele, Klimt & Co. gehen ins *Leopold-Museum* → S. 48, wer eher Zeitgenössisches mag, ins *Museum Moderner Kunst* → S. 48, und wer Alte Meister der allerfeinsten Qualität bevorzugt, läuft zwei Minuten zum *Kunsthistorischen Museum* → S. 37.

Die schönsten Facetten von Wien kennenlernen – mittendrin, ganz entspannt und an einem Tag

15:00 SHOPPING
Nun wird es Zeit für einen Einkaufsbummel. Sie überqueren den Maria-Theresien- und den Heldenplatz und schlendern durch die Stallburg- und ihre Seitengassen zur *Kärntner Straße* → S. 72. Doch Vorsicht: Das Reisebudget ist angesichts der vielen Antiquitäten-, Mode- und Kunsthandwerksläden akut gefährdet!

16:00 STEPHANSDOM
Bereit für Wiens Wahrzeichen Nummer eins? Der *Stephansdom* → S. 45 entpuppt sich außen wie innen als Wunderwerk der Gotik und verdient eingehende Betrachtung. Steigen Sie in die Katakomben hinab oder, erhebender, in die Türmerstube des Südturms hinauf – mit wunderbarem Ausblick auf Wien.

17:00 ALTSTADTSPAZIERGANG
Beim Bummel westwärts über Graben, Hof und Freyung zum Schottenring sehen Sie auch geschichtsträchtige Gotteshäuser wie die barocke *Peterskirche* → S. 42. Auf halber Strecke lohnt ein Abstecher in die Einkaufspassage des *Palais Ferstel* → S. 42. Dort können Sie im berühmten *Café Central* → S. 65 zu Abend essen.

19:30 OPER ODER BURG?
Für Musikfans steht jetzt ein Besuch in der berühmten *Staatsoper* → S. 87 (Bild o.) auf dem Programm, Theatergänger sollten sich Tickets für das renommierte *Burgtheater* → S. 89 oder dessen Ableger, das *Akademietheater* → S. 89, besorgen.

22:00 CHILLEN
Nachteulen gelüstet nun vielleicht noch nach einem entspannenden Finale? In der legendären *Loos-Bar* → S. 83 können Ästheten bis frühmorgens gute Drinks und authentisches Jugendstilambiente genießen. Wer lieber tanzen will, und das mit coolem Schick und Spitzen-DJs, sollte unter dem Asphalt der Ringstraße die *Passage* → S. 84 aufsuchen.

U-Bahn zum Startpunkt: U 1, U 2, U 4
Haltestelle: Oper
Hier lohnt eine Tageskarte für U- und Straßenbahn (5,70 Euro)

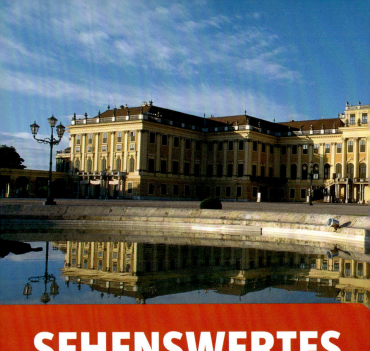

SEHENSWERTES

WOHIN ZUERST?

Platz vor der Staatsoper (122 C5) (*K9*): In wenigen Gehminuten erreichen Sie die wichtigsten Museen und Musentempel. Hier fährt die Straßenbahn zu den Prachtbauten der **Ringstraße**, in fünf Minuten geht es zum **Stephansdom** oder zum **Naschmarkt**. Bei Regen locken gleich nebenan die **Ringstraßengalerien** zum Shoppingbummel. Im Bereich Karlsplatz/Oper halten die U 1, U 2 und U 4 sowie die Straßenbahnen 1, 2, D und 62. Ihr Auto können Sie z. B. im „Park & Ride"-Haus in Hütteldorf, Endhaltestelle U 4, abstellen.

Wien macht seinen Gästen die Orientierung leicht. Das Herzstück der Stadt bildet das mittelalterliche Zentrum: der Erste Bezirk, die Innere Stadt. In deren Mittelpunkt ragt Wiens Wahrzeichen Nummer eins, der Stephansdom, in den Himmel.

Auch etliche andere romanische und gotische Kirchen zeugen von den tiefen katholischen Wurzeln der alten Kaiserstadt. Ein Großteil der Baudenkmäler befindet sich entlang der Ringstraße, Wiens Prunkboulevard, der an Stelle der Mitte des 19. Jhs. abgerissenen Stadtmauer entstand. In diesem rund 2 km² großen historischen Stadtkern sollte jede Besichtigung beginnen, am besten per pedes, zumal die Straßen hier über weite Strecken Fußgängerzone sind.

Bild: Schloss Schönbrunn

Schönbrunn und Stephansdom, Ringstraße und Belvedere: berühmte Schmuckstücke der ehemaligen Kaiserstadt

Stimmungsvoll (wenn auch nicht billig) ist eine Fahrt im Fiaker. Der Prunk der Ringstraßenarchitektur lässt sich auch bequem von der Straßenbahn 1 und 2 aus genießen.

Nach außen hin sind die Sehenswürdigkeiten dünner gesät. Zum jenseits des Donaukanals gelegenen Zweiten Bezirk gehört die Erholungslandschaft des Praters. Der Dritte Bezirk umfasst das Botschaftsviertel, der Achte gilt als zentrumsnahes Refugium des Großbürgertums. Umkränzt werden diese ehemaligen Vorstädte vom Gürtel, einer sechsspurigen Hauptverkehrsader, die derzeit lebenswerter gestaltet wird.

Wien besitzt weit über 100 Museen – von weltberühmten Sammlungen wie dem „Kunsthistorischen", der Schatzkammer in der Hofburg oder den Sammlungen österreichischer Baukunst bis zu kleinen, aber dennoch sehenswerten Gedenkstätten wie jenen für Johann Strauß, Franz Schubert oder Joseph Haydn. Diese Fülle verdankt die Stadt einerseits der Macht der alten Habsburger, waren es doch

WIEN IM ÜBERBLICK

Die Karte zeigt die Einteilung der interessantesten Stadtviertel. Bei jedem Viertel finden Sie eine Detailkarte, in der alle beschriebenen Sehenswürdigkeiten mit einer Nummer verzeichnet sind

die Kaiser, die in ihrer Sammellust aus sämtlichen Teilen des Großreichs Gemälde und andere Preziosen zusammentrugen, Kunsthandwerker beschäftigten und Forscher ausschickten, von allen Ecken der Erde Natur- und Kunstschätze heimzubringen. Ein zweiter Grund für die Vielfalt der Museumslandschaft liegt in der Liebe der Wiener zum Kuriosen. So gibt es auch eigene Museen für das Fälscher- und Bestattungswesen, für die Orthopädie von Huf- und Klauentieren und für pathologisch-anatomische Präparate. Zur besseren Orientierung sind an mehr als 200 künstlerisch und historisch interessanten Baudenkmälern weiße, mit rot-weißen Flaggen geschmückte Hinweistafeln mit den wichtigsten Informationen über das jeweilige Gebäude angebracht.

INNERE STADT

Der historische Kern von Wien, von den Einheimischen gerne salopp „der Erste" genannt, ist nicht nur der geografische und administrative Mittelpunkt der Stadt. Er ist unter den insgesamt 23 Bezirken auch hinsichtlich der touristischen Attraktionen der Star.

Entlang der Ringstraße, in deren wie mit dem Lineal gezogenen Seitenstraßen aus der Gründerzeit und im mittelalterlichen Gassenlabyrinth rund um den Stephansdom finden Sie die meisten Topsehenswürdigkeiten und Musentempel. Vor zwei, drei Jahrzehnten drohte die City

SEHENSWERTES

durch Stadtflucht nach Laden- und Büroschluss zu veröden. Davon kann keine Rede mehr sein. Die Fußgängerzone mit ihren eleganten Läden, die boomende Lokalszene, die renovierten historischen Wohnhäuser sowie zahlreiche Kulturinitiativen sorgen für pulsierendes Leben.

1 INSIDER TIPP ▶ **AKADEMIE DER BILDENDEN KÜNSTE**
(122 C5) (ጠ K9)

Der mit Terrakotten und Fresken verzierte Bau im Stil der Hochrenaissance birgt eine Gemäldegalerie von Weltruf, die einen repräsentativen Querschnitt durch die abendländische Malerei aus sechs Jahrhunderten vorstellt. Vertreten sind u. a. Hans Baldung Grien, Lucas Cranach d. Ä., Tizian, Sandro Botticelli, Giovanni Battista Tiepolo, Peter Paul Rubens, Rembrandt und Anthonis van Dyck. Im Mittelpunkt steht das Weltgerichts-Triptychon von Hieronymus Bosch, ein grandioses Feuerwerk ebenso faszinierender wie grausamer Bildphantasien. Das angeschlossene Kupferstichkabi-

nett besitzt mehrere Hundert Bilder aus dem Biedermeier sowie mittelalterliche Baurisse. *Di–So und Feiert. 10–18 Uhr | Eintritt 8 Euro | Schillerplatz 3 | www. akademiegalerie.at | Straßenbahn 1, 2 Burgring, Bus 57 A, U 1, U 2, U 4 Karlsplatz*

2 **ALBERTINA** *(122 C4) (ጠ K9)*

Das in der Augustinerstraße schräg hinter der Oper gelegene, nach seinem Erbauer Herzog Albert von Sachsen-Teschen, einem Schwiegersohn Kaiserin Maria Theresias, benannte Palais Albertina birgt die größte grafische Sammlung der Welt. Sie umfasst 60 000 Zeichnungen und Aquarelle sowie an die 1,5 Mio. Druckgrafiken von so gut wie allen bildenden Künstlern der letzten 600 Jahre, die wegen ihrer Lichtempfindlichkeit nicht ständig gezeigt werden. Im aufwendig sanierten Haus sind auf Dauer 500 Werke der Klassischen Moderne aus der Sammlung Batliner sowie Wechselausstellungen mit Werken der ganz Großen der bildenden Kunst zu sehen – von Rembrandt bis Schiele. *Tgl. 10–18,*

★ **Hofburg**
Herz des Kaiserreichs
→ S. 34

★ **Kunsthistorisches Museum**
Prachtbau an der Ringstraße mit unzähligen Meisterwerken: Tizians, Breughels, Rembrandts etc. → S. 37

★ **Ringstraße**
Parade der Gründerzeitmonumente an Wiens Prachtboulevard → S. 43

★ **Schatzkammer**
Kostbare Erbstücke der Habsburger und andere Preziosen → S. 43

★ **Stephansdom**
Wiens gotisches Wahrzeichen → S. 45

★ **Museumsquartier**
Wiens jüngste Top-Attraktion: mehr als 20 Museen → S. 48

★ **Belvedere**
Prinz Eugens Palasttraum → S. 54

★ **Prater**
Grüne Oase für Spaß und Sport, mit Wurstelprater und Riesenrad → S. 57

★ **Grinzing**
Heurigengemütlichkeit unter Kastanienbäumen im berühmten Winzerdorf im Wienerwald → S. 57

★ **Schloss Schönbrunn**
Die anmutige Sommerresidenz der Habsburger → S. 59

MARCO POLO HIGHLIGHTS

INNERE STADT

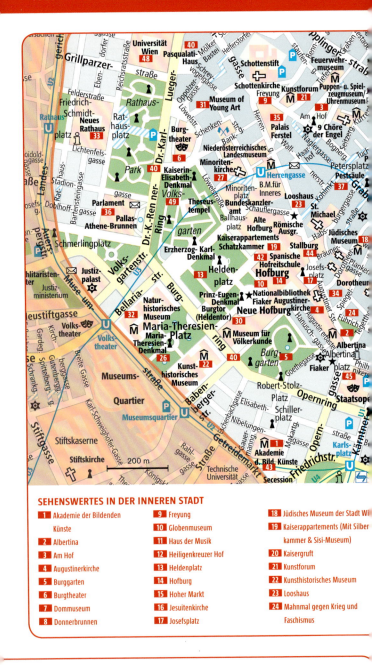

SEHENSWERTES IN DER INNEREN STADT

1. Akademie der Bildenden Künste
2. Albertina
3. Am Hof
4. Augustinerkirche
5. Burggarten
6. Burgtheater
7. Dommuseum
8. Donnerbrunnen
9. Freyung
10. Globenmuseum
11. Haus der Musik
12. Heiligenkreuzer Hof
13. Heldenplatz
14. Hofburg
15. Hoher Markt
16. Jesuitenkirche
17. Josefsplatz
18. Jüdisches Museum der Stadt Wi
19. Kaiserappartements (Mit Silber kammer & Sisi-Museum)
20. Kaisergruft
21. Kunstforum
22. Kunsthistorisches Museum
23. Looshaus
24. Mahnmal gegen Krieg und Faschismus

SEHENSWERTES

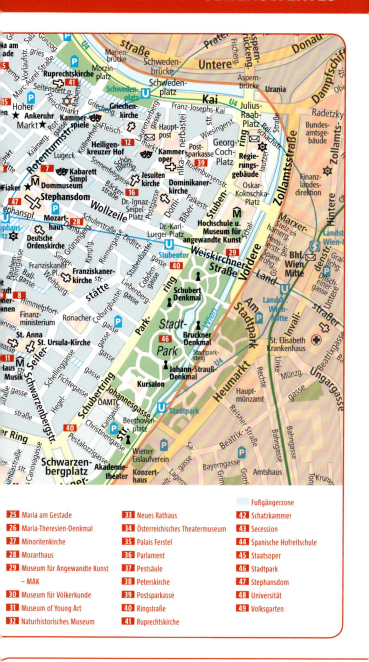

		░ Fußgängerzone
25 Maria am Gestade	**33** Neues Rathaus	**42** Schatzkammer
26 Maria-Theresien-Denkmal	**34** Österreichisches Theatermuseum	**43** Secession
27 Minoritenkirche	**35** Palais Ferstel	**44** Spanische Hofreitschule
28 Mozarthaus	**36** Parlament	**45** Staatsoper
29 Museum für Angewandte Kunst – MAK	**37** Pestsäule	**46** Stadtpark
30 Museum für Völkerkunde	**38** Peterskirche	**47** Stephansdom
31 Museum of Young Art	**39** Postsparkasse	**48** Universität
32 Naturhistorisches Museum	**40** Ringstraße	**49** Volksgarten
	41 Ruprechtskirche	

30 | 31

INNERE STADT

Mi bis 21 Uhr | Eintritt 9,50 Euro | Augustinerstraße | www.albertina.at | Straßenbahn D, 1, 2, 62, 65, Bus 59 A, U 1, U 2, U 4 Karlsplatz/Oper

3 AM HOF (122 C2–3) (⟐ K8)

Auf diesem ehemaligen Mittelpunkt der Stadt stand schon im 12. Jh. der „Hof" der Babenberger Herzöge. Gut 100 Jahre später wurde der Herrschersitz in die Hofburg verlegt. Das feudale Flair jedoch ist geblieben. Rund um die zentrale Mariensäule reiht sich eine Prachtfassade an die andere: die „Kirche zu den neun Chören der Engel", links davon das Palais Collalto, in dem Mozart sechsjährig sein erstes Konzert in Wien gab; gegenüber das Märkleinsche Haus, ein Werk J. L. von Hildebrandts *(Nr. 8)*, und das Bürgerliche Zeughaus mit dem *Feuerwehrmuseum (Nr. 10 | So und Feiert. 9–12 Uhr, werktags nur nach Voranmeldung | Tel. 53 19 90). Am Hof | Bus 1 A*

4 AUGUSTINERKIRCHE
(122 C4) (⟐ K8–9)

Das in den Dreißigerjahren des 14. Jhs. erbaute Gotteshaus, eine gotische Hallenkirche mit schönen Netz- und Kreuzrippengewölben, diente den Habsburgern seit Mitte des 17. Jhs. als Hofpfarrkirche. Hier wurde der Nachwuchs der Kaiserfamilie getauft, hier traten viele ihrer Mitglieder – so auch Kaiser Franz Joseph und seine Sisi – vor den Traualtar. In dem dreischiffigen Innern sind besonders bemerkenswert das von dem klassizistischen Bildhauer Antonio Canova gestaltete Marmorgrabmal für Erzherzogin Maria Christine und die gotische Georgskapelle. *Augustinerstraße 3 | Straßenbahn D, 1, 2, U 1, U 2, U 4 Karlsplatz*

5 BURGGARTEN (122 C4–5) (⟐ K9)

1818 exklusiv für die Kaiserfamilie angelegt, wurde dieser Garten erst 100 Jahre später für die Allgemeinheit geöffnet. In der überaus gepflegten Anlage können Sie an Denkmälern von Mozart und den beiden Kaisern Franz I. Stephan von Lothringen und Franz Joseph I. vorbeischlendern. Einen Besuch wert ist außerdem das INSIDER TIPP Palmenhaus, in dem sich eine schicke Café-Brasserie mit schöner Terrasse befindet. *März–Dez. Mo–Sa 10–1, So und Feiert. 10–24 Uhr | Burgring/Opernring | Straßenbahn D, 1, 2, Bus 57 A*

6 BURGTHEATER (122 B3) (⟐ J8)

An diesem Weiheort deutschsprachiger Theaterkultur ist nicht nur interessant, was auf der Bühne geschieht. Auch das 1874–88 nach Plänen Gottfried Sempers und Carl von Hasenauers entstandene Gebäude selbst ist sehenswert – sowohl seine Fassade im Stil der italienischen Hochrenaissance mit den Kolossalbüsten der Dichtergrößen über den Fenstern als auch das prunkvolle Innere mit den Feststiegen und Pausenräumen und dem 1500 Menschen fassenden Saal. *Dr.-Karl-Lueger-Ring 2 | Führungen (etwa 1 Std.) tgl. 15 Uhr | Eintritt 5,50 Euro | Straßenbahn D, 1, 2 Rathausplatz*

7 DOMMUSEUM (123 D3) (⟐ L8)

Hier sind die mittelalterlichen Bestände des Domschatzes zu sehen: gotische Tafelbilder und Plastiken, Reliquiare, Glasfenster und liturgisches Gerät. Das um 1365 gemalte Bildnis Herzog Rudolfs IV., des Gründers der Universität und Stifters des Stephansdoms, gilt als erstes Individualporträt nördlich der Alpen. *Mi–Sa 10–18, Di 10–20 Uhr | Eintritt 7 Euro | Stephansplatz 6 | Durchgang | www.dommuseum.at | U 1, U 3 Stephansplatz*

8 DONNERBRUNNEN
(123 D4) (⟐ K8)

Wiens schönster Brunnen, ein Meisterwerk des großen Barockbildhauers Ge-

SEHENSWERTES

Exklusive Einkaufspassage im venezianisch anmutenden Palais Ferstel an der Freyung

org Raphael Donner, entstand 1737–39. Die Statue in der Mitte stellt Providentia, die Allegorie für Voraussicht, dar. Die Randfiguren personifizieren Traun, Enns, Ybbs und March – die vier Hauptzuflüsse der Donau auf österreichischem Boden. Donners Bleiplastiken wurden im 19. Jh. durch Bronzekopien ersetzt. Die Originale stehen im Barockmuseum im Unteren Belvedere. *Neuer Markt | Bus 3 A, U 1, U 3 Stephansplatz*

9 FREYUNG (122 C2) (*K8*)

Die große, dreieckige Freifläche im Nordwesten der Altstadt diente im Mittelalter als Marktplatz, Bühne für Gaukler und Hinrichtungsstätte. An ihrer Nordseite gründete der Babenberger Herzog Heinrich II. Jasomirgott im Jahr 1155 das Schottenstift. Rundherum entstanden etliche prachtvolle Adelssitze – darunter das barocke, von Lukas von Hildebrandt entworfene Palais Daun-Kinsky *(Haus Nr. 4)* sowie das Palais Harrach *(Nr. 3)* und das venezianisch anmutende Palais Ferstel *(Nr. 2)*, in dem sich u. a. das *Café Central* befindet. Beachten Sie auch das Schubladenhaus rechts neben der Schottenkirche. *Bus 1 A, U 3 Herrengasse*

10 GLOBENMUSEUM
(122 C3) (*K8*)

Das weltweit einzige Museum seiner Art – mit mehr als 450 Globen und globenähnlichen Instrumenten im sorgsam restaurierten Palais Mollard. Angeschlossen: das Esperantomuseum. *Di–Mi und Fr–Sa 10–18, Do 10–21 Uhr | Eintritt 5 Euro | Kombikarte mit Prunksaal der Nationalbibliothek, Esperanto- und Papyrusmuseum 12 Euro | Herrengasse 9 | www.onb.ac.at | Bus 2 A, 3 A, U 3 Herrengasse*

32 | 33

INNERE STADT

🔟 HAUS DER MUSIK ●
(123 D5) (*m L9*)
Auf den sieben Etagen dieses aufwendig renovierten Palais lässt sich eine multimediale und interaktive Reise durch die Welt der Töne unternehmen – von den 1842 hier gegründeten Wiener Philharmonikern bis zu Hyperinstrumenten für Eigenexperimente. *Tgl. 10–22 Uhr |*

Die Hofburg, Residenz der Habsburger: Labyrinth aus 2500 Räumen und 19 Höfen

Eintritt 11 Euro | Seilerstätte 30 | www.hdm.at | Straßenbahn D, 1, 2, 71 Schubertring, U 1, U 2, U 4 Karlsplatz

🔟 HEILIGENKREUZER HOF
(123 E3) (*m L8*)
Wie etliche andere Klöster Niederösterreichs besitzt auch das Zisterzienserstift Heiligenkreuz in Wien einen Hof. Er enthält mehr als 800 Jahre alte Bauteile. Im 17. Jh. wurde der Stiftshof umgebaut. Seine heutige Gestalt stammt aus dem 18. Jh. Sehr ruhig und höchst stimmungsvoll ist sein Innenhof. *Schönlaterngasse 5/Grashofgasse 3 | Bus 2 A*

🔟 HELDENPLATZ ☼
(122 B–C4) (*m J–K 8–9*)
Ein einzigartiger Panoramablick reicht vom Halbrund der Neuen Burg über den Heldenplatz mit der langen Barockfassade des Leopoldinischen Trakts und den beiden pompösen Reiterstandbildern von Erzherzog Karl und Prinz Eugen, weiter über den Volksgarten und die Silhouette von Rathaus und Burgtheater bis hin zum Kahlenberg. Das Äußere Burgtor, das die riesige, größtenteils rasenbedeckte Fläche zur Ringstraße hin abgrenzt, ist ein Werk Peter von Nobiles (1824) und soll an die Völkerschlacht bei Leipzig erinnern. *Heldenplatz | Straßenbahn D, 1, 2, Bus 2 A, U 3 Herrengasse*

🔟 HOFBURG ★ ●
(122 B–C 3–4) (*m K 8–9*)
Über 600 Jahre lang, von der Belehnung des Habsburgers Rudolf I. mit den österreichischen Ländern (1276) bis zum Rücktritt Kaiser Karls (1918), war „die

SEHENSWERTES

Burg" die Residenz des österreichischen Herrscherhauses. Anfangs eine vergleichsweise kleine Burg, wuchs sie im Lauf der Jahrhunderte parallel mit der Macht und dem Reich ihrer Bewohner zu einem vielfach verschachtelten Gebäudekomplex, der heute 18 Trakte und 19 Höfe umfasst.

Ältester Teil ist der Schweizerhof, von dem aus man die Schatzkammer und die im Kern gotische Burgkapelle betritt. Schöpfungen des 16. Jhs. sind die Stallburg, der Amalientrakt und das rot-schwarz-goldene Schweizertor am Eingang zu dem gleichnamigen Hof. Im 17. Jh. entstand der Leopoldinische Trakt und im 18. Jh. unter der Leitung von Johann Lukas von Hildebrandt und Joseph Emanuel Fischer von Erlach der Reichskanzleitrakt. Vater und Sohn Fischer von Erlach schufen auch die Winterreitschule, in der die Lipizzaner ihre Künste vollführen, sowie die Nationalbibliothek, deren barocker Prunksaal mit seiner gewaltigen Kuppel vielfach als schönster Bibliothekssaal der Welt bezeichnet wird. Der Michaelertrakt wurde Ende des 19. Jhs. vollendet. Als Letztes folgte 1891 bis 1913 die Neue Burg als Teil eines viel größeren Erweiterungsprojekts, dessen Verwirklichung der Erste Weltkrieg verhinderte. Von den insgesamt rund 2500 Räumen dieses steinernen Labyrinths ist nur ein Bruchteil zu besichtigen. Da sind zum einen die Kaiserappartements samt Sisi-Museum sowie die Silberkammer, die beide vom Kuppelraum des Michaelertrakts aus zu erreichen sind. Dann die Schatzkammer, die Burgkapelle, der Prunksaal der Nationalbibliothek, die Spanische Hofreitschule und schließlich, in der Neuen Burg, die zum Kunsthistorischen Museum gehörige Hofjagd- und Rüstkammer, die Sammlung alter Musikinstrumente, das Völkerkundemuseum sowie das Ephesosmuseum.

Außerdem sind in der Hofburg heute die Kanzlei des Bundespräsidenten, ein viel frequentiertes Kongresszentrum, diverse Ämter, Privat- und Dienstwohnungen sowie – in der Fußgängerpassage zwischen Burghof und Heldenplatz – einige Läden untergebracht. *Michaelerplatz, Josefsplatz, Heldenplatz, Ballhausplatz. Nationalbibliothek: Josefsplatz 1 | Di–So 10–18, Do 10–21 Uhr | Eintritt 7 Euro | www.hofburg-wien.at | www.onb.ac.at | Straßenbahn D, 1, 2 Burgring, Bus 2 A, 3 A, U 1, U 2, U 4 Karlsplatz, U 3*

15 HOHER MARKT (123 D2–3) (*L8*)
Unter dem Pflaster dieses ältesten Platzes von Wien, auf dem sich im Mittelalter das Verlies, der Pranger und das städtische Gerichtsgebäude befanden, wurden Fundamente und Mauerteile des römischen Legionslagers Vindobona entdeckt. Die Reste einiger Offiziershäuser

---

LOW BUDGET

▶ In den 18 städtischen Museen (darunter das Haupthaus *Wien Museum Karlsplatz* und die *Musikergedenkstätten*) ist der Eintritt jeden 1. So im Monat in den Dauerschauen frei. In sämtlichen Bundesmuseen (z. B. *Albertina*, *Kunsthistorisches* und *Naturhistorisches Museum*) gilt für Kinder und Jugendliche bis 19 ganzjährig generell Eintritt frei!

▶ ● Sakralmusik vom Feinsten, und das kostenlos: jeden Sonntag ab 11 Uhr in der wunderschönen gotischen *Augustinerkirche* (122 C4) (*K 8–9*). Augustinerstraße 3 | www.augustinerkirche.at | Straßenbahn D, 1, 2, U 1, U 2, U 4 Karlsplatz

INNERE STADT

sind in einem unterirdischen Schauraum zu sehen *(Römermuseum | Di–So 9–18 Uhr)*. Eine Attraktion in der Nordostecke des Platzes bildet die *Ankeruhr*. Auf der 1911 vom Jugendstilkünstler Franz von Matsch in Form einer Brücke zwischen den Häusern Nr. 10 und 11 erbauten Kunstuhr erscheinen im Lauf von zwölf Stunden zwölf Figuren aus der Geschichte der Stadt. Täglich um 12 Uhr mittags findet, von Musik begleitet, eine Parade sämtlicher Figuren statt. *Bus 2 A, 3 A, U 1, U 3 Stephansplatz*

16 INSIDER TIPP JESUITENKIRCHE
(123 E3) *(ΩΩ L8)*

Vor allem fasziniert die illusionistische Deckenmalerei: Inmitten des Langhauses täuscht sie eine zentrale Kuppel vor. Anfang des 17. Jhs. erbaut, wurde die Kirche (auch Universitätskirche genannt) zu Beginn des 18. Jhs. von Andrea Pozzo hochbarock umgestaltet. Ihre doppeltürmige Fassade begrenzt einen der stimmungsvollsten Innenstadtplätze. *Dr.-Ignaz-Seipel-Platz | Straßenbahn 1, 2, Bus 2 A, U 3 Stubentor*

17 INSIDER TIPP JOSEFSPLATZ
(122 C4) *(ΩΩ K8)*

Dieser eindrucksvolle, unter architektonischen Gesichtspunkten wohl homogenste Platz der Stadt wird von der Längsfront der Nationalbibliothek beherrscht. Die gegenüberliegende Seite säumen das klassizistische Palais Pallavicini *(Haus Nr. 5)* und das Palais Pálffy mit seiner Renaissancefassade *(Nr. 6). Bus 2 A*

18 JÜDISCHES MUSEUM DER STADT WIEN (122 C4) *(ΩΩ K8)*

Permanente Schau zur jüdischen Religion und (Leidens-)Geschichte sowie Wechselausstellungen zu Themen wie jüdische Literatur, Architektur, Fotografie etc. *So–Fr und Feiert. 10–18 Uhr | Eintritt 6,50*

Euro | Dorotheergasse 11 | www.jmw.at | U 1, U 3 Stephansplatz*

19 KAISERAPPARTEMENTS (MIT SILBERKAMMER & SISI-MUSEUM)
(122 C3–4) *(ΩΩ K8)*

So speiste man am Hof zu Wien: auf Porzellan aus Ostasien, Sèvres und dem Augarten, mit Kristallgläsern und Silberbesteck. Glanzpunkte der Schau sind der fast 30 m lange „Mailänder Tafelaufsatz" und ein Prunkservice für 140 Personen. Die Kaiserappartements umfassen die Privatgemächer von Kaiser Franz Joseph I. und seiner Gemahlin Elisabeth, ihren Speisesaal, den Audienzsaal, die Räume des kaiserlichen Offiziersstabs, das Konferenzzimmer sowie die Appartements, in denen Zar Alexander I. während des Wiener Kongresses logierte. Ebenfalls räumlich angegliedert ist das *Sisi-Museum*, das die „Wahrheit statt dem Mythos" rund um die zur Legende entrückten Kaiserin Elisabeth alias Sisi zeigt. *Sept.–Juni tgl. 9–17.30 Uhr, Juli/ Aug. tgl. 9–18 Uhr | Eintritt 10,50 Euro (inkl. Sisi-Museum) | Sisi-Ticket in Kombination mit Schönbrunn, Hofburg und Hofmobiliendepot 23,50 Euro | Innerer Burghof, Kaisertor | www.hofburg-wien.at | Bus 2 A, U 1, U 3 Stephansplatz U 3 Herrengasse*

20 KAISERGRUFT
(123 D4) *(ΩΩ K8–9)*

Hier, unter der Kapuzinerkirche, wurden seit 1632 sämtliche habsburgischen Herrscher und ihre nächsten Angehörigen bestattet. Allerdings ruhen ihre Herzen in der Augustinerkirche und ihre Eingeweide in den Katakomben von St. Stephan. Als letzten Kaiser setzte man 1916 Franz Joseph I. in der Kaisergruft bei. Das letzte Begräbnis eines gekrönten Hauptes fand erst 1989 statt, als Kaiserin Zita, die Witwe von Karl I., hier ihre letzte Ruhe fand. Von den 138 Metallsärgen ist Balthasar

SEHENSWERTES

Ferdinand Molls Doppelsarkophag für Maria Theresia und ihren Gemahl, Franz I. Stephan von Lothringen, der prächtigste. *Tgl. 10–18 Uhr | Eintritt 5 Euro | Neuer Markt | www.kaisergruft.at | Bus 3 A, U 1, U 3 Stephansplatz*

21 KUNSTFORUM (122 C2) (*K8*)
In den von Stararchitekt Gustav Peichl gestalteten Räumen finden wechselnde, stets hochkarätige Ausstellungen zur Malerei des 19./20. Jhs. statt. *Sa–Do 10–19, Fr 10–21 Uhr | Eintritt 9 Euro, Happy Hour Mo–Do (außer Feiert.) 18–19 Uhr: zwei Pers. zum Preis von einer | Freyung 8 | www.kunstforum-wien.at | Straßenbahn D, 1, U 2 Schottentor, U 3 Herrengasse*

22 KUNSTHISTORISCHES MUSEUM
★ ● (122 B5) (*J9*)
Das „Kunsthistorische", ein Werk der Ringstraßenarchitekten Gottfried Semper und Karl von Hasenauer, gehört zu den großen Museen der Welt. Seine Bestände sind das Ergebnis der Sammelleidenschaft von kunstsinnigen Habsburgern, die seit dem 16. Jh. systematisch Kostbarkeiten anhäuften. Das Herzstück bildet die Gemäldegalerie im 1. Stock. Sie ist weltweit die viertgrößte ihrer Art. Zu ihren Schätzen zählen zahlreiche Hauptwerke von Breughel, Rubens, Rembrandt,

Kaisergruft: üppig verzierter Sarkophag von Maria Theresia und Franz Stephan

Dürer, Raffael, Tizian, Tintoretto, Veronese, Caravaggio, Velázquez und anderen Meistern der italienischen, französischen, spanischen und niederländisch-flämischen Malerei vom späten 15. bis ins 17. Jh.

Den zweiten Schwerpunkt der Sammlung bildet die Kunstkammer mit kostbaren Goldschmiede-, Steinschneide- und Elfenbeinarbeiten, Automaten, Uhren, astrologischem Gerät und vielem mehr. Sehenswert sind auch die herrlichen

36 | 37

INNERE STADT

Monumental: Alfred Hrdlickas Skulpturengruppe „Mahnmal gegen Krieg und Faschismus"

Wand- und Deckenbilder von Ernst und Gustav Klimt, Michael Munkáczy, Hans Makart und anderen.

Ferner beherbergt der gegen Ende des 19. Jhs. eröffnete Prachtbau ein Münzkabinett, die Ägyptisch-Orientalische Sammlung und die Antikensammlung. Im Kuppelsaal wird INSIDER TIPP donnerstags ein üppiges Abendbüfett serviert, sonntags gibt es Brunch mit einer Sonderführung (Reservierung: Tel. 5 25 24 40 25). In die Neue Burg ausgelagert sind die Sammlung alter Musikinstrumente, die Hofjagd- und Rüstkammer sowie das Ephesosmuseum.

Hauptgebäude Di–Mi, Fr–So 10–18 Uhr, Do 10–21 Uhr | Eintritt 12 Euro | Burgring 5 | Eingang Maria-Theresien-Platz | www.khm.at | Straßenbahn D, 1, 2, Bus 57 A, U 2 Babenbergerstraße, U 3 Volkstheater, Neue Burg, Heldenplatz

23 LOOSHAUS (122 C3) (*K8*)

Kaum ein Gebäude Wiens hat so viele Kontroversen ausgelöst wie dieses 1911 von Adolf Loos fertiggestellte Wohn- und Geschäftshaus. Das kühne Werk mit edler, aber schlichter Hülle aus grünem Marmor und Glas ist ein Meilenstein auf dem Weg zum funktionalen Baustil des 20. Jhs. *Michaelerplatz 3 | Bus 2 A, 3 A, U 3 Herrengasse*

24 MAHNMAL GEGEN KRIEG UND FASCHISMUS
(122 C4–5) (*K9*)

Seit den späten 1980er-Jahren erinnert auf dem Platz hinter der Staatsoper ein Mahnmal von Alfred Hrdlicka an die Opfer des Zweiten Weltkriegs und der Nazidiktatur in Österreich (1938–45). Die Skulpturengruppe umfasst das zweiteilige, granitene „Tor der Gewalt", die Bronzefigur des „Knienden Juden" und die Marmorplastik „Orpheus betritt den Hades". Auf einer Stele wird die Unabhängigkeitserklärung der Zweiten Republik vom 27. April 1945 zitiert. *Albertinaplatz/Augustinerstraße | Bus 3 A, U 1, U 2, U 4 Karlsplatz*

SEHENSWERTES

25 INSIDER TIPP ▶ MARIA AM GESTADE
(123 D2) *(𝌆 K7)*

Die Hauptattraktion dieser schmalen gotischen Kirche (1343–1414), die einst direkt am Steilufer eines alten Donauarms lag, ist der zierliche, siebenseitige Kuppelhelm ihres Turms. Baugeschichtlich interessant ist der geländebedingte Knick in der Achse zwischen Langhaus und Chor. Ein Schrein vor dem Altar einer Seitenkapelle birgt die Reliquien des hl. Clemens Maria Hofbauer, des Stadtpatrons von Wien. *Salvatorgasse/Passauer Platz | Bus 1 A, 3 A*

26 MARIA-THERESIEN-DENKMAL
(122 B4–5) *(𝌆 J9)*

Das mächtige Monument zwischen dem Kunst- und dem Naturhistorischen Museum, ein Werk Caspar Zumbuschs (1874–1888), zeigt die Kaiserin inmitten ihrer Mitstreiter für das Wohl der „Casa Austria" – als Reiter die Feldherren Laudon, Daun, Khevenhüller und Traun, stehend die Berater Kaunitz, Haugwitz, Liechtenstein und van Swieten. *Maria-Theresien-Platz | Straßenbahn D, 1, 2, Bus 57 A, U 2 Museumsquartier, U 3 Volkstheater*

27 MINORITENKIRCHE
(122 B3) *(𝌆 K8)*

Der dreischiffige Hallenbau mit seinem für Bettelorden typischen Dachreiter ist ein Werk der Gotik (14. Jh.). Großartig sind das reiche Maßwerk der Fenster, das Portal und das Letzte-Abendmahl-Mosaik, eine Nachbildung von da Vincis Fresko. *Minoritenplatz | U 3 Herrengasse*

28 MOZARTHAUS
(123 D–E3) *(𝌆 L8)*

Im Spätrokokoambiente dieser einzigen in Wien erhaltenen Mozart-Wohnung lebte der Meister 1784–87 und schrieb neben anderen Werken auch die Oper „Hochzeit des Figaro". Nach einem Generalumbau ist hier auf drei Etagen eine umfassende Dauerschau über Wolfgang Amadeus Mozarts Wiener Jahre zu sehen. *Tgl. 10–19 Uhr | Eintritt 9 Euro | Domgasse 5 | www.mozarthausvienna.at | U 1, U 3 Stephansplatz*

ENTSPANNEN & GENIESSEN

Auf die Wiesen und Wanderwege des Wienerwalds oder in die weithin noch naturnahen Augebiete entlang der Donau gelangen Sie mit U-Bahn, Bus und Straßenbahn binnen einer halben Stunde. Besonders stadtnah und idyllisch ist die *Alte Donau* **(126–127 C2–F4)** *(𝌆 O1–S7)*. Zehn Stationen mit der U 1 vom Stephansdom hat sich an den Ufern dieses vor rund 140 Jahren vom Hauptstrom getrennten Gewässers ein herrlich altmodischer Freizeitbetrieb mit Strandbädern, Bootsverleih und gemütlichen Ausflugslokalen erhalten. Direkt im Stadtzentrum, an den Gestaden des Donaukanals, klappen mehrere Strandlokale ab April/Mai reihenweise Liegestühle auf und schenken kühle Drinks aus. Paradeadressen: die ● Strandbar *Herrmann* vis-à-vis der Urania, an der Mündung des Wien-Flusses (**(123 E2)** *(𝌆 M8)* | tgl. | www.strand bar-herrmann.at | U 4 Schwedenplatz), *Tel Aviv Beach* (**(129 E3)** *(𝌆 L7)* | Obere Donaustraße 26 nahe Augartenbrücke | tgl. | www.tlvbeach.at | U 2, U 4 Schottenring) und das *Badeschiff* (**(129 F4)** *(𝌆 L8)* | Franz-Josefs-Kai nahe Schwedenbrücke | tgl. | www.badeschiff.at | U 1, U 4 Schwedenplatz).

38 | 39

INNERE STADT

29 MUSEUM FÜR ANGEWANDTE KUNST – MAK
(123 F3–4) (*M8*)

Europäisches Kunstgewerbe vom Mittelalter bis zur Gegenwart – Glas, Keramik, Metall, Möbel, Porzellan, Textilien, dazu Ostasiatika: Die Sammlung des „MAK" ist nicht nur reich bestückt, sondern auch effektvoll präsentiert. Glanzstücke sind die Arbeiten der Wiener Werkstätte und die Orientteppiche. Darüber hinaus gibt es regelmäßig spannende Sonderausstellungen zeitgenössischer Kunst. Beachtung verdient auch der Museumsbau des Architekten Heinrich von Ferstel mit seiner reich verzierten, rötlichen Ziegelfassade im Stil der italienischen Renaissance. *Di 10–24, Mi–So 10–18 Uhr | Eintritt 7,90 Euro* **INSIDER TIPP** *(samstags frei!) | Stubenring 5 | www.mak.at | Straßenbahn 1, 2, Bus 4 A, 74 A, U 3 Stubentor*

30 MUSEUM FÜR VÖLKERKUNDE
(122 B–C4) (*K9*)

Wiens ethnografisches Museum zählt europaweit zu den bestbestückten dieser Art. Schwerpunkte sind die Ozeaniensammlung James Cooks, die Bronzeskulpturen aus Benin und die „Altmexikanischen Kostbarkeiten" mit der berühmten Federkrone des Montezuma. Wegen langjähriger Sanierungsarbeiten ist bis auf Weiteres nur ein kleiner Teil zu besichtigen. Spannend: die monothematischen Wechselausstellungen. *Mi–Mo 10–18 Uhr | Eintritt 8 Euro | Neue Burg | Heldenplatz | www.khm.at | Straßenbahn 1, 2, D, 46, 49, Bus 48 A, 57 A, U 2, U 3 Volkstheater*

31 MUSEUM OF YOUNG ART
(122 C2) (*K8*)

Dieses 2010 ins Palais Schönborn umgezogene Museum ist, einzigartig nicht nur in Wien, ausschließlich auf internationale Kunst des 21. Jhs. fokussiert. Gezeigt wird in großzügig dimensionierten Räumen das Frühwerk von Künstlern der Post-68er-Generation, und zwar aller Genres, sowohl von Nachwuchstalenten als auch bereits arrivierten Jungen. Langfristiges Ziel der Dauer- und Sonderausstellungen ist es, neues Publikum an junge Kunst heranzuführen. *Öffnungszeiten variieren, Anruf empfehlenswert: Tel. 5 35 19 89 | Eintritt frei | Renngasse 4 | www.moya-vienna.at | Straßenbahn D, 1, U 2 Schottentor, U 3 Herrengasse*

32 NATURHISTORISCHES MUSEUM
(122 A–B4) (*J9*)

Von Dinosaurierskeletten bis zur weltgrößten Insektensammlung mit über 6 Mio. Tieren, von der Venus von Willendorf, einer 26 000 Jahre alten Steinstatuette, bis zu Meteoriten, Edelsteinen und einer riesigen Schädelsammlung – der an der Ringstraße gelegene Prachtbau beherbergt eine der größten naturwis-

SEHENSWERTES

senschaftlichen Sammlungen Europas. Zusatzangebot: **INSIDER TIPP** Dachführungen (auch mit Abendessen). *Do–Mo 9–18.30, Mi 9–21 Uhr | Eintritt 10 Euro | Dachführungen Mi 18.30, So 16 Uhr | Infos: Tel. 52 17 70 | Burgring 7 | Eingang Maria-Theresien-Platz | www.nhm-wien.ac.at | Straßenbahn D, 1, 2, 46, 49, Bus 48 A, U 3 Volkstheater*

33 NEUES RATHAUS
(122 A2–3) (*J8*)

Der neugotische Prunkbau entstand 1872–83. Hier residieren der Bürgermeister sowie Stadt- und Landesregierung. Das Innere – der Arkadenhof, die Feststiege und der kolossale Festsaal – kann im Rahmen von Führungen besichtigt werden. Auf dem fast 100 m hohen Turm wacht der mit Standarte 6 m hohe Rathausmann, eine Art eisernes Riesenmaskottchen, über die Stadt. Vor der mit filigranen Loggien, Balkonen und Spitzbogenfenstern verzierten Hauptfassade werden im Hochsommer auf einer Großleinwand Opern- und Konzertfilme gezeigt. Den Rathauspark zieren zahlreiche Denkmäler. *Friedrich-Schmidt-Platz 1 | Gratisführungen Mo, Mi und Fr 13 Uhr (außer an Sitzungs- und Feiertagen) | Tel. 5 25 50 | Straßenbahn 1 Rathausplatz, U 2 Rathaus*

34 ÖSTERREICHISCHES THEATERMUSEUM
(122 C4) (*K9*)

1,5 Mio. Objekte machen dieses im prachtvollen Palais Lobkowitz installierte Museum zum weltweit größten seiner Art. In den prächtigen Barocksälen sind regelmäßig auch interessante Sonderausstellungen zu sehen. *Nov.–April Di–So 10–18 Uhr, Mai–Okt. Di–So 9.30–18 Uhr (Führungen nach Voranmeldung) | Tel. 5 25 24 34 60 | Eintritt 8 Euro | Lobkowitzplatz 2 | www.theatermuseum.at | U 1, U 2, U 4 Karlsplatz/Oper*

Vom Dinosaurierskelett bis zur Insektensammlung: Exponate im Naturhistorischen Museum

INNERE STADT

Pestsäule: Barockes Wolkengetürm

rats. Mit den antikisierenden Formen und dem Brunnen mit der Weisheitsgöttin Pallas Athene vor der Hauptrampe wollte Theophil Hansen die Einhaltung der griechischen Ideale der Demokratie anmahnen. Im Besucherzentrum (Zugang unter der Rampe) können Sie sich kostenlos über die Republiksgeschichte informieren. *Führungen, außer an Sitzungs- und Feiertagen: Mo–Do 11, 14, 15, 16, Fr, Sa zusätzlich 13 Uhr, Mitte Juli–Mitte Sept. Mo–Sa zusätzlich 12 und 13 Uhr | Tel. Anmeldung für Gruppen: Tel. 4 01 10 24 00 | Eintritt 4 Euro | www.parlament.gv.at | Straßenbahn D, 1, 2, 49 Stadiongasse/Parlament*

35 PALAIS FERSTEL (122 C2–3) (*K8*)

Dieses Prunkstück der Wiener Ringstraßenarchitektur wurde 1856–60 von Heinrich von Ferstel für die Nationalbank erbaut. Bis 1877 beherbergte es auch die Börse. Das Café Central an der Ecke Herrengasse/Strauchgasse war um die Wende zum 20. Jh. als Treffpunkt von Literaten berühmt. Nach Jahrzehnten des Verfalls wurde der riesige, von drei Seiten zugängliche Baukomplex in den 1980er-Jahren mitsamt seinen Einkaufspassagen restauriert. *Freyung 2/Herrengasse 17 | Bus 1 A, 2 A, U 3 Herrengasse*

36 PARLAMENT (122 A3–4) (*J8*)

Der 1873–83 errichtete Bau ist sowohl Sitz des National- als auch des Bundes-

37 PESTSÄULE (123 D3) (*K8*)

Die von Kaiser Leopold I. gestiftete Dreifaltigkeitssäule erinnert an eine Pestepidemie, die 1679 über 100 000 Wiener dahinraffte. Das hochbarocke Wolkengetürm stammt vom Theateringenieur Lodovico Burnacini. Den Sockel schuf Johann Bernhard Fischer von Erlach, die Skulpturen Paul Strudel. *Graben | Bus 2 A, 3 A, U 1, U 3 Stephansplatz*

38 PETERSKIRCHE (123 D3) (*K8*)

In der ersten Hälfte des 18. Jhs. nach Plänen von Gabriel Montani und Johann Lukas von Hildebrandt entstanden, zählt dieser Sakralbau zu den prächtigsten Werken des österreichischen Barock. Glanzstück im Innern ist das Kuppelfresko von Johann M. Rottmayr: die „Himmelfahrt Mariae". *Petersplatz | Bus 2 A, 3 A Peterskirche, U 1, U 3 Stephansplatz*

39 POSTSPARKASSE (123 F3) (*L8*)

Mit diesem kühl-eleganten Bau schuf der große Neuerer Otto Wagner, der stets die Einheit von Funktionalität und Schönheit predigte und mit seinen Bauten Wiens Stadtbild geprägt hat, sein Meisterwerk – eine Pionierleistung der modernen

SEHENSWERTES

Architektur. Sehenswert ist nicht nur die mit Marmor und Granitplatten verkleidete und von zwei Schutzengeln aus Aluminium gekrönte Fassade, sondern auch der glasüberdachte Kassensaal mit seiner bis ins kleinste Detail perfekten Inneneinrichtung, die ebenfalls von Otto Wagner stammt. *Georg-Coch-Platz 2 | Straßenbahn 2 Julius-Raab-Platz*

40 RINGSTRASSE ⭐
(122–123 B–F 1–5) (🗺 J–M7–9)

Nachdem Kaiser Franz Joseph 1857 befohlen hatte, Wiens alte Befestigungsanlagen zu schleifen, ließ er an ihrer Stelle einen Prachtboulevard anlegen, der das historische Stadtzentrum umschließt und an zwei Stellen am Ufer des Donaukanals in den Franz-Josefs-Kai mündet. Diese 4,5 km lange „Ringstraße" wird von zahlreichen teils privaten, teils öffentlichen Prunkbauten im „Ringstraßenstil" gesäumt. Alle imitieren Baustile früherer Epochen, von der griechisch-römischen Antike über die Kathedralengotik sowie Renaissance und Barock bis zu allerlei Stilmischungen des Historismus. Als städtebauliches Gesamtkunstwerk hat er 1865 eingeweihte „Ring" in keiner anderen Metropole Europas seinesgleichen. Entlang der Ringstraße müssen sich Fuß-

gänger den Gehsteig abschnittsweise mit Radfahrern teilen.

41 RUPRECHTSKIRCHE
(123 D2) (🗺 L7–8)

Wiens älteste erhaltene Kirche. Sie wurde laut Überlieferung um 740 gegründet. Ihr Langhaus und die unteren Turmgeschosse stammen aus dem frühen 12. Jh., der Zeit der Romanik. *Ruprechtsplatz | Bus 2 A, U 1, U 4 Schwedenplatz*

42 SCHATZKAMMER ⭐
(122 C4) (🗺 K8)

Eine der wertvollsten Preziosensammlungen der Welt befindet sich im ältesten Teil der Hofburg, dem Schweizerhof. In ihren rund 20 Räumen können Sie Krönungs- und Ordensinsignien, Hoheitszeichen, Schmuck und Erinnerungsstücke von unschätzbar hohem Wert bewundern. Zu den größten Kostbarkeiten zählen die sogenannten Reichskleinodien und Reliquien des Heiligen Römischen Reiches Deutscher Nation. Dazu gehören Reichsapfel und -schwert, Lehensschwert, Zepter, die sagenhafte Heilige Lanze, mit der angeblich die Brust Jesu Christi durchstochen wurde, sowie die im Jahre 962 gefertigte und damit älteste Reichskrone der Welt. Ähnlich kostbar

RICHTIG FIT

Erholung für Körper und Geist garantiert ein Besuch in der umfassend modernisierten ● *Therme Wien* **(139 D4)** *(🗺 O)*. Solarien, Saunen und Duftgrotten, Gyms, Beauty-Salons, vor allem eine weitläufige Poollandschaft, sorgen hier, in Oberlaa am südöstlichen Stadtrand, für Rundum-Wohlbefinden *(Kurbadstraße 14 | Mo–Sa 9–22, So, Feiert. 8–22 Uhr | Eintritt je nach Dauer 15–22*

Euro | Tel. 6 80 09 | www.therme wien.at | U 1 Reumannplatz, dann Straßenbahn 67 Therme Wien).
Beliebte Strecken für Jogger und Nordic Walker sind die Hauptallee im Prater und die Wege auf der Donauinsel sowie im Stadt-, Türkenschanz- und Schönbrunner Schlosspark (mehr Infos zu Laufrouten finden Sie unter *www. runningcheckpoint.at).*

INNERE STADT

sind der Schatz, den Maria von Burgund 1477 in die Ehe mit dem späteren Kaiser Maximilian I. einbrachte, sowie jener des Ordens vom Goldenen Vlies. Ebenfalls ausgestellt sind diverse kuriose Kostbarkeiten aus der Kunstkammer Ferdinand I. *Mai–Okt. Mi–Mo 9.30–18 Uhr, Nov.–April Mi–Mo 10–18 Uhr | Eintritt 12 Euro | Hofburg/Schweizerhof | www.khm.at | Straßenbahn D, 1, 2, Bus 2 A, 57 A Burgring*

43 SECESSION (122 C6) (*K9*)

1897/98 schuf Josef Maria Olbrich für die „Wiener Secession", eine Gruppe avantgardistischer Künstler, die sich soeben von ihrer konservativen, im Künstlerhaus organisierten Kollegenschaft losgesagt hatten, dieses Ausstellungs- und Klubgebäude. Der von einer – einst als „Krautschopf" bespöttelten – Kuppel aus filigranem, vergoldetem Blattwerk bekrönte Bau gilt als ein Hauptwerk des Wiener Jugendstils. Im Untergeschoss kann Gustav Klimts Beethovenfries besichtigt werden. *Friedrichstraße 12 | Di–So und Feiert. 10–18 Uhr | Eintritt 8,50 Euro, 5 Euro für Ausstellungen | www.secession.at | U 1, U 2, U 4 Karlsplatz*

44 SPANISCHE HOFREITSCHULE (122 C6) (*K8*)

Zu Wiens Besonderheiten gehören Pferdestallungen mitten in der Stadt, ja im Kaiserpalast selbst: die Spanische Hofreitschule mit ihren Lipizzanern. Zusehen kann man den gelehrigen Schimmeln bei der Morgenarbeit *(Di–Fr 10–12 Uhr)*. Karten, auch für die ca. einstündigen Führungen inkl. Stallbesichtigung, sind im Besucherzentrum erhältlich *(Di–So 9–16 Uhr, Fr an Vorführungstagen 9–19 Uhr | Ticket 16 Euro, Kombiticket mit Führung: 26 Euro)*. Für die viel selteneren Galavorführungen können Sie Karten schriftlich bestellen *(Hofburg | Michaelerplatz 1 | A-1010 Wien)* oder unter *www.srs.at.* Termininfos: *Tel. 5 33 90 31*

45 STAATSOPER (122 C5) (*K9*)

Bei der Einweihung 1869 war das kaiserlich-königliche Hofoperntheater mit seiner Loggia, den seitlichen Arkaden und dem metallenen Tonnendach heftiger Kritik ausgesetzt. In der Zwischenzeit ist der romantisch-historische Bau, der in den letzten Kriegswochen 1945 schwer beschädigt wurde, den Wienern als Symbol ihrer Musikkultur jedoch ans Herz gewachsen. Das Innere mit dem freskenverzierten Treppenhaus, dem Schwind-Foyer, dem Gustav-Mahler- und Marmorsaal und dem Zuschauerraum mit 2276 Plätzen ist im Rahmen von

Gelehrige Schimmel: Lipizzaner in der Spanischen Hofreitschule

SEHENSWERTES

Führungen zu besichtigen *(Zeiten am Seiteneingang oder unter Tel. 5 14 44 26 13)*. Über Geschichte und Gegenwart des Hauses informiert das INSIDER TIPP *Staatsopernmuseum* ausführlich *(Di–So 10–18 Uhr | Eingang: Goethegasse/Hanuschhof 1). Opernring 2 | Straßenbahn D, 1, 2, Bus 59 A, U 1, U 2, U 4 Karlsplatz/Oper*

46 STADTPARK
(123 E–F 4–5) (m L–M 8–9)
Diese grüne Insel der Ruhe wurde 1862 eröffnet und bildete den ersten von der Stadtverwaltung angelegten Park. Seine geschlängelten Spazierwege sind von Denkmälern gesäumt. Das berühmteste zeigt Johann Strauß Sohn, wie er zum Walzer aufgeigt. Renoviert wurde die schöne Treppenanlage mit ihren Pavillons neben der U-Bahn-Station Stadtpark – ein Werk des Jugendstilarchitekten Friedrich Ohmann. *Parkring | Straßenbahn 1, 2, U 4 Stadtpark, U 3 Stubentor*

47 STEPHANSDOM ★ ●
(123 D3) (m L8)
Dieses von den Wienern liebevoll „Steffl" genannte Wahrzeichen der Stadt ist das bedeutendste gotische Bauwerk Österreichs. Seine Entstehungsgeschichte reicht bis 1147 zurück, als man hier eine erste, noch romanische Kirche weihte. Diese wurde Mitte des 13. Jhs. durch einen ebenfalls romanischen Neubau ersetzt, dessen Reste, das Riesentor mit den beiden Heidentürmen, bis heute die Westfront des Doms bilden.

Der heutige Bau entstand in mehreren Etappen: 1303–40 der dreischiffige Albertinische Chor, ab 1359 das Langhaus mit seinen prachtvollen Stern- und Netzrippengewölben sowie der 137 m hohe Südturm. Dessen geplantes Gegenstück, der Nordturm, blieb unvollendet und erhielt 1579 einen „Turmhelm" im Renaissancestil. Darunter hängt die Pummerin,

Im Stephansdom: die Pummerin, größte Glocke des Landes

eine 21 t schwere Glocke. Sie wurde nach der zweiten Türkenbelagerung (1683) aus dem Erz der erbeuteten Kanonen gegossen.

Der Kirchenraum, den Adolf Loos als „weihevollsten der Welt" pries, beherbergt eine Vielzahl einzigartiger Kunstschätze. Die wichtigsten sind die 1514/15 von Anton Pilgram geschaffene Kanzel, der gotische „Wiener Neustädter Altar" von 1447, das Hochgrab Kaiser Friedrichs III., das Niclas Gerhaert van Leyden 1467 bis 1513 geschaffen hat, und das Grabmal von Prinz Eugen von Savoyen aus dem Jahr 1754. Empfehlenswert ist auch der Abstieg in die Katakomben, in denen die sterblichen Überreste von 15 frühen Habsburgern sowie in Urnen die Eingeweide jener 56 weiteren Mitglieder des Herrscherhauses ruhen, deren Gebeine in der Kaisergruft bestattet sind. Traumhafte Ausblicke über die Stadt genießt, wer über 343 enge Stufen zur INSIDER TIPP *Türmerstube* im Südturm hochsteigt.

44 | 45

INNERE STADT

Beachtung verdient das dem Dom gegenüberstehende *Haas-Haus*. Der von Stararchitekt Hans Hollein entworfene Bau, hinter dessen Glasfassade sich heute ein Hotel befindet, war bei seiner Eröffnung in den 1970er-Jahren heftig umstritten.

Domführungen Mo–Sa 10.30 und 15 Uhr, So und Feiert. nur 15 Uhr | Eintritt 4,50 Euro | Abendführungen mit Dachrundgang Juni–Sept. Sa 19 Uhr | Tickets 10 Euro | Katakomben (nur mit Führung) Eintritt 4,50 Euro | Mo–Sa 10–11.30 und 13.30–16.30 Uhr, So und Feiert. nur nachmittags alle halbe Stunde; Besteigung des Südturms tgl. 9–17.30 Uhr | Eintritt 3,50 Euro | Aufzug zur Pummerin im Nordturm Juli/Aug. tgl. 8.15–18, Sept.–Juni 8.15–16.30 Uhr | Eintritt 4,50 Euro | All-Inclusive-Ticket mit Audioguide, ein Erw., ein Kind 14,50 Euro | Stephansplatz | www.stephanskirche.at | U 1, U 3 Stephansplatz

48 UNIVERSITÄT (122 B2) (*J7*)

Das Hauptgebäude von Wiens 1365 gegründeter Universität zählt zu den grandiosesten Ringstraßenbauten. Es wurde in den 1870er-Jahren nach Plänen Heinrich Ferstels im Stil der Neorenaissance erbaut und kann per Audio-Guide besichtigt werden. Höhepunkt des hochinteressanten Rundgangs sind die 154 Büsten berühmter Wissenschaftler im Arkadenhof. *Ausleih Audio-Guide Mo–Fr 9–16 Uhr beim Portier | Gebühr 3 Euro*

Den Galeriegang der Universität schmücken 154 Büsten berühmter Wissenschaftler

(Ausweis mitnehmen!) | Führungen Do 18 Uhr, Sa 10.30 Uhr | Eintritt 5 Euro | Dr.-Karl-Lueger-Ring 1 | event.univie.ac.at | U 2, U 3 Schottentor

49 VOLKSGARTEN

(122 B3–4) (*J–K8*)

Nachdem Napoleon 1809 die Burgbastei hatte schleifen lassen, wurde auf dem frei gewordenen Gelände eine Parkanlage „für das Volk" mit streng geometrischen Wegen gestaltet. In deren Mitte errichtete Peter Nobile den „Theseustempel". Für seine Blütenpracht berühmt ist der Rosengarten nahe dem Ausgang zum Burgtheater. *Straßenbahn D, 1, 2, 46, 49, Bus 2 A, 48 A*

SEHENSWERTES

WESTLICHE VORSTADT

Spätestens seit 2001 das Museumsquartier – sprich: „emkjuh" – eröffnet wurde, gilt der Siebte Bezirk, „der Neubau", als Hotzone für Kunstfreaks und Trendscouts.

Schon zuvor war an seinem Westrand der verkehrsumtoste, früher trostlose INSIDER TIPP Gürtel zur schicken Kultur- und Gastromeile mutiert. Auch in den Gassen dazwischen wachsen Szenelokale, Boutiquen und schräge Kunsthandwerksläden wie Pilze aus dem Boden. Als Vorzeigeidylle gilt das putzige Biedermeierviertel namens Spittelberg.

Den Ruf einer Künstlergegend, wenngleich einer recht bürgerlichen, genießt seit Langem auch die benachbarte Josefstadt – vor allem dank des gleichnamigen Theaters. Hier im Achten Bezirk und ebenso im nördlich angrenzenden Alsergrund, dem Neunten Bezirk, stammt die Architektur mehrheitlich aus dem 19. Jh. Ein Wahrzeichen ist das Neue Allgemeine Krankenhaus (AKH), einer der größten Spitalkomplexe Europas. Das weitläufige Gelände des Alten Allgemeinen Krankenhauses nebenan fungiert mittlerweile als Universitätscampus und trägt mit den vielen Studenten maßgeblich zur Verjüngung der Gegend bei.

1 INSIDER TIPP JOSEPHINUM
(128 C2) (∅ J6)

Die Sammlung des Instituts für Geschichte der Medizin dokumentiert die Entwicklung der Wiener Medizin von Gerard van Swieten, dem Leibarzt Maria Theresias, bis zu Sigmund Freud. Hauptblickfang sind die lebensgroßen anatomischen Wachsfiguren, die Kaiser Joseph II. 1785 in Florenz modellieren ließ, damit seine Militärärzte den inneren Aufbau des Menschen studieren konnten. *Mo–Sa 10–18 Uhr | Eintritt 2 Euro | Währinger Straße 25/1 | Straßenbahn 37, 38, 40–42 Sensengasse*

2 LIECHTENSTEIN MUSEUM
(128–129 C–D2) (∅ J6)

Die Fürstlichen Sammlungen gelten als bedeutendste und größte private Kunstkollektion der Welt. Zu ihren wertvollsten Exponaten zählen Bilder von Cranach, Raffael und Rembrandt sowie etliche Hauptwerke von Peter Paul Rubens. Daneben finden sich erlesene

GRÜNWEISS ODER VIOLETT

Die Wiener Traditionsclubs durchleben, wie Österreichs Fußball insgesamt, seit etlichen Jahren eine sportliche Durststrecke. Es ist also wohl nicht so sehr die Erwartung kickerischer Sternstunden, die den Besuch im Stadion nahelegt. Vielmehr locken die große Vereinsgeschichte etwa der „Grünweißen aus Hütteldorf" (Rapid) oder der „violetten Veilchen" (Austria Wien) zu einem Match. Begeisterung und authentisch-wienerische Atmosphäre sind allemal garantiert. *SK Rapid* **(138 C3)** *(∅ O) | Hanappi Stadion | 14. Bezirk | Keisslergasse 6 | Tel. 5 44 54 40 | www.skrapid.at | U 4 Hütteldorf; FK Austria* **(139 D4)** *(∅ O) | Horr-Stadion | 10. Bezirk, Fischhofgasse 14 | Tel. 6 88 01 50 | www.fk-austria.at | U 1 Reumannplatz, von dort Bus 15 A oder Straßenbahn 67*

WESTLICHE VORSTADT

Skulpturen, Waffen, Porzellan und vieles mehr. Den Rahmen für all diese Kostbarkeiten bildet der mit höchstem Aufwand und Geschmack renovierte Barockpalast der Familie Liechtenstein, die im Habsburgerreich über Jahrhunderte großen Einfluss ausübte. *Fr–Di 10–17 Uhr | Eintritt 10 Euro | www.liechtensteinmuseum.at | Fürstengasse 1 | Straßenbahn D Seegasse*

3 MUSEUMSQUARTIER ★
(122 A–B 4–5) (*J9*)

Innerhalb des von Grund auf sanierten Ensembles der ehemaligen barocken Hofstallungen ist im Jahr 2001 auf 60 000 m² ein einzigartiger Museumskomplex entstanden. Gemeinsam mit den nahen Kunst- und Naturhistorischen Museen und der Hofburg bildet er eines der größten Kulturviertel der Welt. Mehr als 20 Museen, autonome Initiativen und Projekte sind hier angesiedelt und machen das Museumsquartier, kurz MQ, sowohl zum künstlerischen Labor und Archiv als auch zum Ort der experimentellen Praxis und theoretischen Reflexion, zum Raum der Produktion und Vermittlung von Kunst. ● Im Innenhof laden riesige Liegen zum Sinnieren, Plaudern und Entspannen ein.

Zu den bedeutendsten Institutionen des MQ zählen das *Leopold-Museum*, das die weltweit größte Schiele-Sammlung und dazu Spitzenwerke von Gustav Klimt, Oskar Kokoschka, Herbert Boeckl, Alfred Kubin u. v. a. beinhaltet *(Mi–Mo 10–18, Do 10–21 Uhr | Eintritt 11 Euro)*, und das *Museum Moderner Kunst*, in dem die klassische Moderne, die österreichische Avantgarde der Nachkriegszeit und die wichtigsten aktuellen Kunstrichtungen wie Informel, Fotorealismus, Objekt- und

Megaliegen am Megaort der Kunst: kreative Pause im Innenhof des MQ

SEHENSWERTES

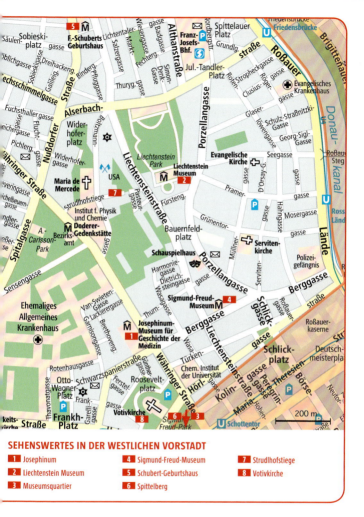

SEHENSWERTES IN DER WESTLICHEN VORSTADT

1. Josephinum
2. Liechtenstein Museum
3. Museumsquartier
4. Sigmund-Freud-Museum
5. Schubert-Geburtshaus
6. Spittelberg
7. Strudlhofstiege
8. Votivkirche

Aktionskunst zu Hause sind (Fr–Mi 10–18, Do 10–21 Uhr | Eintritt 9 Euro). Daneben finden sich: das Stammhaus der *Kunsthalle* (tgl. 10–19, Do 10–21 Uhr | Eintritt 7 Euro), das *Architekturzentrum Wien*, das *Tanzquartier Wien*, das *Zoom Kindermuseum* samt *Dschungel-Theater* (variable Anfangszeiten für div. Programme | Eintritt 3–5 Euro) sowie zwei Veranstaltungshallen und Experimentierflächen für Initiativen in den Bereichen Film, Neue Medien und Kunsttheorie namens *Quartier 21*. Das MQ dient dank der zehn Ein- und Durchgänge und seiner zahlreichen gastronomischen Betriebe auch als attraktive Passage zwischen der Innenstadt und

48 | 49

WESTLICHE VORSTADT

den angrenzenden Bezirken sowie als bis in die Nacht pulsierender Treffpunkt. *Museumsplatz 1 | Tel. 5 23 58 81 | www.mqw.at | Straßenbahn 49, Bus 2 A, 48 A, U 2, U 3 Volkstheater oder Museumsquartier*

Autofreie Zone: gemütliche Restaurants am Spittelberg

4 SIGMUND-FREUD-MUSEUM ●
(129 D2) (*ф J–K 6*)

In den Räumen, in denen der Vater der Psychoanalyse fast ein halbes Jahrhundert lang, nämlich bis zu seiner Vertreibung 1938, ordinierte, sind Manuskripte und andere Erinnerungsstücke ausgestellt. Die berühmte Couch allerdings ist hier nicht zu sehen. *Okt.–Juni tgl. 9–17 Uhr, Juli–Sept. tgl. 9–18 Uhr | Eintritt 7 Euro | Berggasse 19 | Straßenbahn D, 37, 38, 40–42, Bus 40 A Berggasse*

5 SCHUBERT-GEBURTSHAUS
(124 C6) (*ф J5*)

In diesem typischen Altwiener Vorstadthaus erblickte am 31. Januar 1797 der Liederfürst Franz Schubert das Licht der Welt. Der Erinnerungsstätte angeschlossen ist ein Adalbert-Stifter-Gedenkraum. *Di–So 10–13 und 14–18 Uhr | Eintritt 2 Euro | Nussdorfer Straße 54 | Straßenbahn 37, 38 Canisiusgasse*

6 SPITTELBERG (122 A5) (*ф J9*)

In engen, autofreien Gässchen bietet sich hier ein malerisches Vorstadtambiente mit kleinen Läden und gemütlichen Lokalen. Das gleich hinterm Museumsquartier gelegene Viertel zwischen Siebensterngasse und Burggasse, Kirchberggasse und Stiftgasse war kurz vor und in der Biedermeierzeit bebaut worden. Seine heutige Beliebtheit verdankt es einer Erneuerung in den 1970er-Jahren. *Straßenbahn 49, Bus 48 A, U 3 Volkstheater*

7 INSIDER TIPP STRUDLHOFSTIEGE
(128 C2) (*ф J6*)

Die elegante Stiegenanlage, die mit ihren Treppen und Rampen einen Steilhang zwischen Währinger Straße und Palais Liechtenstein überwindet, errang durch den gleichnamigen Roman Heimito von Doderers literarischen Ruhm. Die „terrassenförmige Bühne dramatischen Lebens", wie Doderer das exquisite, von schmiedeeisernen Jugendstilkandelabern geschmückte Bauwerk nannte, entstand 1910 nach Plänen von Johann Theodor Jäger. *Strudlhofgasse | nahe Liechtensteinstraße | Straßenbahn D, Bus 40 A Bauernfeldplatz*

SEHENSWERTES

8 VOTIVKIRCHE *(122 A–B1) (◻ J7)*
Nachdem der junge Kaiser Franz Joseph I. 1853 ein Attentat überstanden hatte, initiierte sein Bruder, Erzherzog Ferdinand Max, den Bau einer Sühnekirche. In der Folge entstand nach Entwürfen von Heinrich von Ferstel ein mächtiger, doppeltürmiger Bau im Stil der französischen Kathedralgotik. 1879 eingeweiht, stellt er ein Hauptwerk des strengen Historismus dar. *Rooseveltplatz | Straßenbahn D, 1, 37, 38, 40–44, U 2 Schottentor*

MARIAHILF, MARGARETEN & WIEDEN

Hier finden Sie das szenige Wien: beiderseits des Wienflusses, im Einzugsbereich von Floh- und Naschmarkt.

Die engen, teilweise recht abschüssigen Gassen von Mariahilf, dem „Sechsten", sind gesäumt von Künstlercafés, Inbars und unkonventionellen Läden. Gleiches gilt für die beiden südlich angrenzenden Bezirke, insbesondere die Gegend zwischen Pilgram- und Kettenbrückengasse sowie das östlich benachbarte Freihausviertel. Ein Bummel über den Naschmarkt, den „Bauch von Wien", erweist sich als eine Wallfahrt der Sinne. Mainstreamshopper finden auf der Mariahilfer Straße, Wiens bestsortierter Einkaufsmeile, ihr Eldorado. Sightseeing-Highlights sind aber dünn gesät. Wichtigste Ausnahmen: An der Linken Wienzeile hat Jugendstilarchitekt Otto Wagner zwei wunderschöne Häuser hinterlassen. Ein Stück weiter steht das geschichtsträchtige Theater an der Wien, auf dem Karlsplatz die gleichnamige Barockkirche.

1 INSIDER TIPP DRITTER-MANN-MUSEUM *(135 D2) (◻ K10)*
Originalmemorabilia rund um den 1948 in Wien gedrehten Kinoklassiker, dazu Hintergrundinfos über das Nachkriegs-

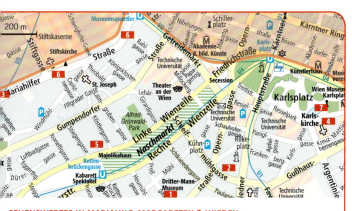

SEHENSWERTES IN MARIAHILF, MARGARETEN & WIEDEN

1 Dritter-Mann-Museum	3 Hofmobiliendepot Möbel-Museum Wien	5 Majolikahaus
2 Freihausviertel		6 Mariahilfer Straße
	4 Karlskirche	7 Wien Museum Karlsplatz

50 | 51

MARIAHILF, MARGARETEN & WIEDEN

wien. *Sa 14–18 Uhr | Eintritt 7,50 Euro | Pressgasse 25 | www.3mpc.net | U 4 Kettenbrückengasse*

2 FREIHAUSVIERTEL
(135 D2) (*ω K10*)

Rund um die Schleifmühlgasse hat sich ein Szeneviertel ersten Ranges etabliert – mit Galerien und einer Vielzahl an schicken Lokalen und Geschäften, die teilweise bis spätabends zum Flanieren und Shoppen einladen. *U 4 Kettenbrückengasse, U 1 Taubstummengasse*

3 INSIDERTIPP HOFMOBILIENDEPOT MÖBEL-MUSEUM WIEN
(134 B2) (*ω H10*)

In diesem mit viel Liebe zum Detail gestalteten Museum wandeln Sie auf den Spuren der habsburgischen Wohn-, Ess- und Rauchkultur sowie der Wiener Möbelkunst vom 17. bis 20. Jh. Schwerpunkte sind Biedermeier und Historismus, Highlights das Ägyptische Kabinett im Empirestil, der Raum zu Ehren des Bugholzmöbelherstellers Thonet und die regelmäßigen Sonderausstellungen. *Di–So 10–18 Uhr | Eintritt 6,90 Euro | Mariahilfer Straße 88 | Zugang Andreasgasse 7 | www. hofmobiliendepot.at | U 3 Neubaugasse*

4 KARLSKIRCHE (123 D6) (*ω K–L 10*)

Als 1713 eine Pestepidemie über 8000 Wiener hinweggraffte, versprach Kaiser Karl VI. dem für die Seuche zuständigen Heiligen Karl Borromäus für den Fall, dass der Schrecken ein baldiges Ende habe, eine Kirche. Der Votivbau, eine grandiose Schöpfung von Johann Bernhard Fischer von Erlach und dessen Sohn Joseph Emanuel, wurde 1737 geweiht und gilt als eines der Hauptwerke des europäischen Barock. Mit seiner gewaltigen, patinagrünen Kuppel und der von zwei ebenso imposanten Triumphsäulen flankierten Mittelfront in Form eines antiken Tempels diente er nicht nur der Verherrlichung Gottes, sondern sollte auch den imperialen Machtanspruch der Habsburger unterstreichen. Der ovale, in Pastellfarben gestaltete Innenraum wird von einem monumentalen Kuppelfresko Johann Michael Rottmayrs bekrönt. Es kann von einer 32 m hohen Plattform, zu der ein Panoramalift führt, aus der Nähe besichtigt werden. *Mo–Sa 9–12.30 und 13–18, So 12–17.45 Uhr | Eintritt inkl. Kuppellift 6 Euro | Karlsplatz | www. karlskirche.at | Straßenbahn D, U 1, U 2, U 4 Karlsplatz/Oper*

5 MAJOLIKAHAUS (134 C2) (*ω J10*)

Ein Augenschmaus für alle Jugendstil-Liebhaber: das von Otto Wagner geschaffene Mietshaus mit seiner Fassade aus wetterfesten Keramikfliesen, auf denen sich farbenfrohe Pflanzenornamente ranken. Das mit filigranem Golddekor überzogene Eckhaus rechts daneben ist ebenfalls ein Entwurf von Wagner. Dessen Frauenmedaillons stammen von Kolo Moser, dem Mitbegründer der Secession und der Wiener Werkstätten. *Linke Wienzeile 38 und 40 | U 4 Kettenbrückengasse*

6 MARIAHILFER STRASSE
(134 A–C 1–2) (*ω J–E 9–11*)

Vor allem der Abschnitt zwischen Westbahnhof und Museumsquartier lohnt mit seinem ansprechenden Mix aus Kaufhäusern, Restaurants, Bars und originellen Läden einen mehrstündigen Shoppingbummel. *Straßenbahn 52, 58, 6, 9, 18, Bus 13 A, 14 A, 2 A, U 3 Zieglergasse und Neubaugasse, U 3, U 6 Westbahnhof*

7 WIEN MUSEUM KARLSPLATZ
(123 D6) (*ω L10*)

Der Schein trügt: Hinter der unansehnlichen Fünfziger-Jahre-Fassade neben der Karlskirche verbirgt sich eine hochinteressante Sammlung, die den Werdegang

SEHENSWERTES

Mariahilfer Straße: beliebte, gut sortierte Einkaufsmeile für Mainstreamshopper

Wiens von den prähistorischen Siedlungen und dem römischen Legionslager Vindobona über die Residenzstadt der Babenberger und Habsburger bis in die Gegenwart dokumentiert. Zu sehen sind erstrangige Gemälde aus Biedermeier und Jugendstil, archäologische Funde, die „Türkenbeute" von 1683, Dokumente der industriellen und der 1848er-Revolution, Objekte des Kunstgewerbes und mehr. *Di–So 10–18 Uhr | Eintritt 6 Euro | Karlsplatz | www.wienmuseum.at | Straßenbahn D, U 1, U 2, U 4 Karlsplatz/Oper*

LEOPOLD-STADT & LANDSTRASSE

Im Frühling, wenn im Prater, wie das berühmte Lied besagt, „wieder die Bäume blühn", zieht es Jung und Alt scharenweise zum Spazierengehen und Sporttreiben auf die Hauptallee und in die Praterauen.

Als Publikumsmagnete wirken zudem das Riesenrad und, ihm zu Füßen, der Volks- alias Wurstelprater. Geschäftsleute schätzen die auf Hochglanz modernisierte Infrastruktur des benachbarten Messegeländes. Auch das Gassengeflecht zwischen Nestroyplatz und Karmelitermarkt, bis zum Ausbruch des Naziterrors traditionell die Heimat der Wiener Juden, erfährt in den letzten Jahren eine merkliche Wiederbelebung.

Äußerst vielgestaltig präsentiert sich jenseits des Donaukanals der Dritte Bezirk, genannt Landstraße. Von seiner prächtigsten Seite zeigt er sich im und rund um das Belvedere. Auch im angrenzenden Wohn- und Botschaftsviertel, zwischen Arenberg- und Modenapark, gibt er sich ziemlich nobel, rund um den Rochusmarkt und entlang der Landstraßer Hauptstraße hingegen deutlich popu-

LEOPOLDSTADT & LANDSTRASSE

lärer. In Citynähe ballen sich Amts- und Verwaltungsgebäude, hier sind aber auch die Musikhochschule, Konzerthaus und Akademietheater zu Hause.

1 BELVEDERE ★
(136 A2–3) (*L–M 10–11*)

Ein Muss für jeden Besucher ist das ehemalige Sommerschloss von Prinz Eugen. Die weitläufige, aus zwei Palästen bestehende Anlage gilt nicht nur als Meisterwerk des Johann Lukas von Hildebrandt, sondern als eine der grandiosesten Barockschöpfungen überhaupt.

Das auf einer Anhöhe thronende ❄ Obere Belvedere (1721–23), dem ganz Wien gleichsam zu Füßen liegt, schuf sich der Feldherr und Türkenbezwinger aus Savoyen bloß zum Repräsentieren. Der lang gestreckte, meisterhaft gegliederte Bau beherbergt in seinen kostbar ausgestatteten Räumlichkeiten heute eine Galerie für österreichische Kunst. Im Vordergrund stehen heimische Klassiker vom Biedermeier (Ferdinand Georg Waldmüller, Rudolf von Alt) über Spätromantik und Gründerzeit (Leopold Kupelwieser, Hans Makart) bis zum Jugendstil, zum Expressionismus und zur Nachkriegszeit (Egon Schiele, Oskar Kokoschka). Darüber hinaus sind Spitzenwerke internationaler Kunst zu sehen, u. a. von Caspar David Friedrich, Claude Monet, Vincent van Gogh, Emil Nolde und Edvard Munch. Publikumsmagnet ist Gustav Klimt, vor allem dessen Gemälde „Der Kuss", eines der bedeutendsten Werke des Jugendstils. Aber auch die *Sammlung Barock* sowie Meisterwerke des Mittelalters haben hier ihren Platz.

Gewohnt hat der „edle Ritter" im Unteren Belvedere (1714–16), einem nur unwesentlich bescheideneren Bau, der gleichfalls einen mit Fresken und Stuckwerk üppig verzierten Marmorsaal, einen Spiegelsaal und eine Prunkgalerie besitzt. In der angrenzenden *Orangerie* werden temporäre Schauen von klas-

Barocke Pracht: Parkspaziergang zwischen Oberem und Unterem Belvedere

SEHENSWERTES

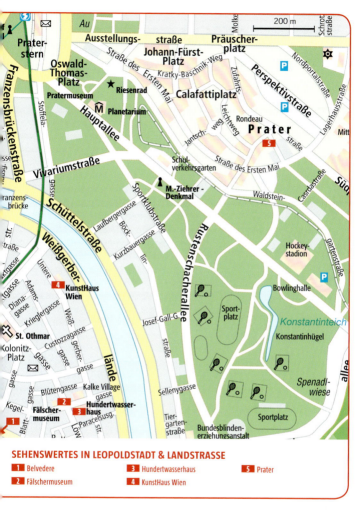

SEHENSWERTES IN LEOPOLDSTADT & LANDSTRASSE

- 1 Belvedere
- 2 Fälschermuseum
- 3 Hundertwasserhaus
- 4 KunstHaus Wien
- 5 Prater

sisch-moderner oder zeitgenössischer Kunst präsentiert, im nahen Prunkstall dauerhaft weitere Kunstwerke des Mittelalters. Zwischen beiden Schlössern erstreckt sich ein über 500 m langer Garten, der im ursprünglichen Barockstil rekonstruiert wurde. *Oberes Belvedere tgl. 10–18 Uhr, Unteres Belvedere Do–Di 10–18, Mi 10–21 Uhr; Garten tgl. 6.30–18, Sommer bis 21 Uhr | Eintritt Oberes Belvedere 9,50 Euro, Unteres Belvedere 9,50 Euro, Kombiticket 14 Euro | www.belvedere.at | Oberes Belvedere: Prinz-Eugen-Straße 27, Unteres Belvedere: Rennweg 6 A | Oberes Belvedere: Straßenbahn D, Unteres Belvedere: Straßenbahn 71*

54 | 55

LEOPOLDSTADT & LANDSTRASSE

Glücksrad für zehn Minuten: Riesenrad im Prater

2 FÄLSCHERMUSEUM
(130 B5) (*N8*)

Europaweit einzigartig ist dieses Museum. Es bietet kuriose Hintergrundinfos rund um die kriminellen Seiten von Malerei und Kunsthandel. Dazu werden über 60 Fälschungen und Kopien von Werken großer Meister gezeigt. Sehr unterhaltsam! *Di–So 10–17 Uhr | Eintritt 4 Euro | Löwengasse 28 | www.faelschermuseum.com | Straßenbahn 1 Hetzgasse*

3 HUNDERTWASSERHAUS
(130 B–C5) (*N8*)

Die kommunale Wohnanlage ist eine Kreation des Malers Friedensreich Hundertwasser (zunächst in Kooperation mit dem Architekten Josef Krawina), der sich allen Regeln der Symmetrie und Rechtwinkeligkeit widersetzte. Auf Dächern und Balkonen wachsen Büsche und Bäume, Wände und Böden sind vielfach gekrümmt, die Fassaden kunterbunt bemalt. Aus Rücksicht auf die Bewohner ist das Haus meist nur von außen zu besichtigen *(Löwengasse/Kegelgasse | Straßenbahn 1 Hetzgasse)*.

Besuchern zugänglich ist aber Friedensreich Hundertwassers *Toilet of Modern Art* in der Einkaufspassage *Kalke Village (Kegelgasse 37–39)*. Nicht versäumen sollten seine Fans zudem die vom Meister gestaltete Müllverbrennungsanlage Spittelau (125 D5) (*J4*), direkt an der gleichnamigen Station der U 6.

4 KUNSTHAUS WIEN
(130 B4) (*N8*)

3500 m² Museumsfläche in kunterbuntem Ambiente – für eine permanente Werkschau Hundertwassers sowie für Wechselausstellungen renommierter Künstler. *Tgl. 10–19 Uhr, So und Feiert. Führungen 12 Uhr | Eintritt 9 Euro, montags 4,50 Euro | Untere Weißgerberstraße 13 | www.*

SEHENSWERTES

kunsthauswien.com | Straßenbahn 1, O Radetzkyplatz

5 PRATER ★
(130–131 B–F 3–6) (∅ N–S 7–12)

Diese fast 15 km lange, von Altwasserarmen durchzogene Wald- und Wiesenlandschaft nahmen die Wiener schon 1766 als Erholungsgebiet in Beschlag, nachdem Joseph II. das kaiserliche Jagdgebiet allgemein zugänglich gemacht hatte. Bis heute bildet der Prater eine der großen grünen Lungen der Stadt – mit Rad- und Spazierwegen, Tennisplätzen, Golfplatz, einer Trab- und Galopprennbahn, einem Rad- und einem Fußballstadion.

Im westlichen, stadtnahen Bereich entstand schon im frühen 19. Jh. ein Sammelsurium von Vergnügungsstätten und Gasthäusern, der sogenannte Volks- oder Wurstelprater. Ein Rest von nostalgischem Flair ist heute noch zu spüren: in altmodischen Geisterbahnen und Lachkabinetten, an Schießbuden und in Biergärten. Dazwischen haben sich neonblinkende Spielsalons und Hightech-Schleudern breitgemacht.

Zu den „Pflichten" jedes Stadtbesuchers zählt die gut zehnminütige Fahrt mit dem ⬆ ● Riesenrad (130 C3) (∅ N7), einer 1896/97 errichteten, 67 m hohen Eisenkonstruktion, die als eines der Wiener Wahrzeichen gilt und als Kulisse in Carol Reeds Nachkriegsthriller „Der dritte Mann" weltberühmt wurde (tgl. Nov.–Feb. 10–19.45, März–April und Okt. 10–21.45, Mai–Sept. 9–23.45 Uhr | Ticket 8,50 Euro | www.wienerriesenrad.com). Unweit des Riesenrads hat die Liliputbahn, eine 4 km lange Schmalspurbahn, ihre Abfahrtsstelle. Daneben bietet ein Planetarium Exkursionen in den Sternenhimmel (Tel. 72 95 49 40). Wurstelprater | www.prater.at | Straßenbahn O, 5, S-Bahn 1, 3, 7, 15, U 1 Praterstern

IN ANDEREN VIERTELN

BEETHOVEN-GEDENKSTÄTTEN

An die 60-mal wechselte Ludwig van Beethoven in Wien und Umgebung seine Wohnung. Die zwei berühmtesten Adressen sind das Eroica-Haus, in dem er 1803/04 seine dritte Symphonie, die „Eroica", komponierte, und das Heiligenstädter-Testament-Haus. Dort verfasste der Musiker auch 1802 seinen berühmten letzten Willen, in dem er seine Angst vor dem Ertauben eingestand. Eroica-Haus (124 C4) (∅ J3): nur auf Anfrage | Tel. 5 05 87 47-8 51 73 | Döblinger Hauptstraße 92 | Testament-Haus (125 D1) (∅ J1): Di–So 10–13 und 14–18 Uhr | Eintritt 2 Euro | Probusgasse 6 | beide Straßenbahn 37, Bus 38 A

GRINZING ★
(124 A–C 1–2) (∅ F–G 1–2)

Wien hat viele Heurigengegenden – von Mauer an der südlichen Grenze über Sievering, Heiligenstadt, Nuss- und Pötzleinsdorf bis nach Jedlers-, Strebers- und Stammersdorf jenseits der Donau. Nirgendwo aber finden sich die berühmten Refugien Wienerischer Gemütlichkeit in so großer Zahl und so klassischer Ausprägung wie in diesem eingemeindeten Winzerdorf an den nordöstlichsten Ausläufern des Wienerwalds. Allerdings kehren hier auch die meisten Busse mit Touristengruppen ein. Zu den Renommieradressen zählen Bach-Hengl (Sandgasse 7), Feuerwehr-Wagner (Grinzinger Straße 53) und Mayer am Pfarrplatz. Auf den Hängen des Kahlen- und Leopoldsbergs wächst Wein, höher auch Wald – ein Eldorado für Wanderer. Grinzinger- und Himmelstraße, Sand- und Cobenzlgasse | Straßenbahn 38, Bus 38 A

IN ANDEREN VIERTELN

KARL-MARX-HOF
(125 D–E 1–2) (*K 1–2*)

In Heiligenstadt nahe dem Donaukanal zeugen Gemeindebaubürgen eindrucksvoll von der Blüte des „Roten Wien" in den 1920er-Jahren. Musterbeispiel für die wegweisenden sozialen Wohnbauten, mit deren Hilfe Wiens sozialdemokratische Stadtregierung die Wohnmisere der Arbeiterklasse nachhaltig linderte, ist der Karl-Marx-Hof. Der 1927–30 nach Plänen von Karl Ehn entstandene Block umfasst 1600 Wohneinheiten. *Heiligenstädter Straße 82–92/12.-Februar–Platz | Straßenbahn D, Bus 10 A, 11 A, 39 A 12.-Februar-Platz, U 4 Heiligenstadt*

NEUE DONAU ●
(126 A–C 1–6) (*L–S 1–9*)

Die 200 m breite und viele Kilometer lange künstliche Insel zwischen Hauptstrom und Entlastungsrinne der Donau entstand in den 1970er- und 80er-Jahren im Zuge großräumiger Hochwasserschutzprojekte. Sie wurde in eine riesige Erholungslandschaft umfunktioniert *(www.donauinsel.at)*. Zwischen Neuer und Alter Donau, ein Stück westlich der Uno-City, ragt der 252 m hohe ☀ *Donauturm* (127 D–E4) (*P3*) in den Himmel. Er entstand gemeinsam mit dem ihn umgebenden Donaupark 1964 anlässlich der Internationalen Gartenschau. Von seinem Drehrestaurant genießen Sie einen herrlichen Blick über Wien. Von der Plattform wird von April bis Oktober Bungeejumping angeboten *Tel. in D 08 20 22 02 11 | www.jochen-schweizer.at | Bus 20 B Donauturm*

INSIDER TIPP ▶ SANKT MARX
(135–136 C–D5) (*D 1–2*)

Wiens einziger erhaltener Biedermeierfriedhof ist, obwohl von Stadtautobahnen umtost, ein Paradies für Melancholiker. Ein Spaziergang durch die

BÜCHER & FILME

▶ **Der dritte Mann** – Graham Greenes packender Kriminalroman führt ins klischeegraue Wien der Nachkriegszeit. 1949 hat Regisseur Carol Reed den Stoff in düsteren Schwarzweißbildern verfilmt: Orson Welles begibt sich darin in die Tiefen des Wiener Kanalsystems

▶ **Der Mann ohne Eigenschaften; Die Strudlhofstiege** – Auf höchstem literarischem Niveau vermitteln Robert Musil und Heimito von Doderer in ihren Romanen die typisch wienerische Denk- und Lebensart kurz vor bzw. nach dem Ersten Weltkrieg

▶ **Komm süßer Tod** – In Wolfgang Murnbergers Krimikomödie führt Starkabarettist Josef Hader als Exdetektiv Brenner das Publikum an entlegene Imbissbuden, Wohnsilos am Stadtrand und zum Donauinsel-Fest

▶ **Sisi** – Romantiker schwärmen bis heute von Ernst Marischkas drei Sisi-Filmen, die in den Fünfzigern mit der blutjungen Romy Schneider als Kaiserin Elisabeth vor imperialer Kulisse zu Tränen rührten

▶ **Der Herr Karl** – Das wohl treffendste (und schaurigste) Bild des Wiener Kleinbürgers und hemmungslosen Opportunisten gelang vor mehr als 40 Jahren Helmut Qualtinger und Carl Merz mit ihrem satirischen Einpersonenstück

SEHENSWERTES

parkähnliche Gedenkstätte mit ihren efeuumwucherten Grabsteinen gleicht einer Zeitreise in das frühe 19. Jh. An Wolfgang Amadeus Mozart erinnert ein Grabdenkmal *(Nr. 179)*. Wo genau sein Leichnam am 6. Dezember 1791 verscharrt wurde, ließ sich bis heute nicht klären. *Tgl. Juni–Aug. 7–19, Mai und Sept. 7–18, Okt. und April 7–17 Uhr, Nov.–März 7 Uhr bis Einbruch der Dunkelheit | Leberstraße 6–8 | Straßenbahn 71 Leberstraße*

SCHLOSS SCHÖNBRUNN ★
(132 A–C 4–6) (*D12*)

Die Sommerresidenz der Habsburger, auch Österreichs Versailles genannt, ist neben Stephansdom und Belvedere Wiens Hauptattraktion. Die Anlage, die trotz aller Pracht keineswegs protzigpompös, sondern liebenswürdig und anmutig wirkt, geht auf einen bürgerlichen Herrensitz zurück, den Kaiser Maximilian II. 1559 kaufte und zu einem Jagdschloss ausbaute. Nach dessen Zerstörung durch die Türken 1683 entstand nach Plänen Johann Bernhard Fischer von Erlachs der Bau in seinen heutigen Grundformen mit den beiden Seitenflügeln, dem weiten, zur Straße gerichteten Ehrenhof und der Freitreppe an der Gartenfront.

Zum strahlenden Mittelpunkt der Monarchie wurde Schönbrunn erst unter Kaiserin Maria Theresia, die hier mit ihrem Gemahl, Franz I. Stephan von Lothringen, und ihren 16 Kindern lebte. Auf ihr Geheiß gestaltete der junge Architekt Nicolaus Pacassi das Schloss in den Jahren 1744–49 dem damaligen, spätbarocken Stilempfinden gemäß um, verpasste ihm ein weiteres Geschoss sowie zahlreiche zusätzliche Balkone und Treppen, schuf im Mitteltrakt eine Durchfahrtshalle und baute das entzückende, barocke Schlosstheater. In den Wohn- und Repräsentationsräumen hielt der neue, elegant verspielte Rokokostil Einzug.

Friedhof Sankt Marx: Paradies für Melancholiker

Von den insgesamt über 1400 Räumen des Schlosses sind die knapp 40 schönsten im Rahmen von Führungen zu besichtigen, darunter die Große Galerie, das Vieux-Laque-Zimmer, das Millionenzimmer, in dessen Täfelung aus Rosenholz 260 persisch-indische Miniaturen eingefügt sind, das Napoleon-Zimmer mit den riesigen Brüsseler Tapisserien, das Chinesische Rundkabinett, in dem Maria Theresia ihre Geheimkonferenzen abhielt, und die spartanisch gehaltenen Wohn- und Arbeitsräume Kaiser Franz Josephs. In einem Seitentrakt westlich des Ehrenhofs ist die Wagenburg mit ihrer einzigartigen Sammlung von 60 Prunkwagen

IM GRÜNEN

untergebracht sowie die Erlebnisschau für Kinder im Haupttrakt. Keinesfalls versäumen sollten Sie außerdem einen Rundgang durch den wunderschönen ● Schlosspark. Er birgt ein riesiges Palmenhaus, einen Heckenirrgarten sowie Wiens Tiergarten, ein architektonisches Juwel aus dem Barock, das, 1752 gegründet, als älteste existierende Menagerie der Welt gilt und auch ein eigenes „Wüstenhaus" (vis-à-vis dem Palmenhaus im Park) erhalten hat. Die ☀ Gloriette, die auf einer Hügelkuppe thront, soll an den 1757 bei Kolin erfochtenen Sieg über die Preußen erinnern. Der graziöse, dem Urzustand entsprechend neu verglaste Bau beherbergt auch ein Café. Um die Besichtigung von Schönbrunn stimmungsvoll ausklingen zu lassen, können Sie einem Konzert in der Orangerie lauschen oder eine Opernaufführung besuchen, sei es im INSIDER TIPP Marionettentheater oder im Schlosstheater, das gelegentlich auch Operetten und Sprechtheater zeigt. *Schlosspark ganzjährig jeweils tgl. von 6.30 Uhr bis Einbruch der Dunkelheit | Schauräume tgl. April–Juni, Sept./Okt. 8.30–17, Juli/Aug. 8.30–18, Nov.–März 8.30–16.30 Uhr | Eintritt Grand Tour (40 Räume) 13,50 Euro, mit Führung 15,50 Euro, Imperial Tour (22 Räume) 10,50 Euro; Wagenburg April–Okt. tgl. 9–18 Uhr, Nov.–März Di–So 10–16 Uhr | Eintritt 5 Euro; Tiergarten tgl. Nov.–Jan. 9–16.30, Feb. 9–17, März und Okt. 9–17.30, April 9–18.30, Mai–Sept. 9–18.30 Uhr | Eintritt 14 Euro | www.zoovienna.at; Irrgarten tgl. Apri–Juni und Sept. 9–18, Juli/Aug. 9–19, Okt. 9–17 Uhr | Eintritt 3,50 Euro; Palmen- und Wüstenhaus tgl. Mai–Sept. 9–18, Okt.–April 9–17 Uhr | Eintritt 4 bzw. 2 Euro, Kombiticket mit Zoo 18 Euro; Gloriette mit Aussichtsterrasse April–Juni und Sept. tgl. 9–18, Juli–Aug. 9–19, Okt. 9–17 Uhr | Eintritt 2,50 Euro; Kaffeehausbetrieb ganzjährig tgl. 9 Uhr bis Einbruch der Dunkelheit; Konzerte in der Orangerie ganzjährig | Tel. 8 12 50 04; Marionettentheater ganzjährig | Tel. 8 17 32 47 | www. marionettentheater.at; diverse Kombitickets von „Schönbrunn Classic Pass Light" (16,50 Euro) bis zum Gold Pass (39,90 Euro), der alle Attraktionen einschließt | www.schoenbrunn.at | Haupteingang Schönbrunner Schlossstraße | Straßenbahn 10, 58 | Zugang auch durchs Hietzinger Tor, Hietzinger Hauptstraße, U 4 Hietzing, durch das Meidlinger Tor, Grünbergstraße, U 4 Schönbrunn, und beim Eingang Hohenbergstraße, Bus 8 A, 63 A*

ZENTRALFRIEDHOF ● (139 E4) (ᗰ O)

Über 3 Mio. Menschen haben auf dem 2,4 km² großen Friedhof seit seiner Eröffnung 1874 ihre letzte Ruhe gefunden. Kulturhistorisch interessant ist vor allem der Bereich der Ehrengräber. Dort liegen zahlreiche Geistesgrößen bestattet – von Franz Schubert bis Franz Werfel und Helmut Qualtinger. In der weitläufigen und stimmungsvollen israelitischen Abteilung ruhen Arthur Schnitzler und Karl Kraus. Sehenswert ist auch die vom Haupttor (Tor 2) aus erreichbare Dr.-Karl-Lueger-Gedächtniskirche, ein wuchtiges Werk des Sezessionismus. Genauer Friedhofsplan am Haupttor. *Nov.–Feb. 8–17, März, April, Sept. und Okt. 7–18, Mai–Aug. 7–19 Uhr | Simmeringer Hauptstraße 232–244 | Straßenbahn 71 | Zentralfriedhof 2. Tor*

IM GRÜNEN

INSIDER TIPP DONAUAUEN
(139 F4) (ᗰ O)

Ein unvergessliches Naturerlebnis verspricht der Besuch der Donauauen bei Stopfenreuth/Hainburg. Dieses mehr als 90 km² große Stück Urwald, das 1996 zum Nationalpark erklärt wurde,

SEHENSWERTES

umfasst eine der letzten großen unverbauten Flussauen in Mitteleuropa. Es lässt sich im Rahmen von (geführten) Wanderungen, in der Kutsche und im Kanu erkunden. Als „Tor zur Au" fungiert das Nationalparkzentrum in Orth an der Donau. *Mitte März–Ende Sept. tgl. 9–18, Okt. tgl. 9–17 Uhr | Auskünfte und Buchungen: Mo–Fr 8–13 Uhr unter Tel. 02212 35 55 bzw. www.donauauen.at | per Auto: ab Stadtgrenze, Knoten Stadlau B 3 über Groß-Enzersdorf nach Orth; per Postbus: viermal tgl. ab Wien-Mitte nach Orth bzw. Stopfenreuth (Fahrtdauer ca. 2 Std.) oder zwölfmal tgl. ab Wien Südtirolerplatz nach Hainburg (1 Std.)*

LAINZER TIERGARTEN
(138 B–C 3–4) (*O*)

1250 km² groß ist der in Liedern, Gedichten und mit Walzermelodien gepriesene Wienerwald, der die Metropole im Westen halbkreisförmig umschließt. Ein 25 km² großer Teil davon, der sogenannte Lainzer Tiergarten, liegt innerhalb der Stadtgrenzen. Als letztes Stück unverbauten Wienerwaldes nützen es die Wiener als Naherholungsraum. Ein 80 km langes Netz markierter Wege und etliche Jausenstationen laden hier zu ausgedehnten Wanderungen *(Mitte Feb.–Mitte Nov. tgl. 8 Uhr bis Einbruch der Dunkelheit)*. Einen schönen Blick auf die waldige Umgebung können Sie von der Spitze der ✹ *Hubertuswarte* aus genießen. Als größte Attraktion lockt die nahe dem Lainzer Tor gelegene *Hermesvilla (April–Okt. Di–So 10–18, Nov.–März Di–So 10–16.30 Uhr | Eintritt 5 Euro | www.wienmuseum.at | U 4 Hietzing, dann Straßenbahn 60, 62, ab Haltestelle Hermesstraße Bus 60 B)*, ein Jagdschlösschen im Stil des Historismus, das Kaiser Franz Joseph in den Jahren 1882–86 errichten ließ und das heute als Außenstelle des Historischen Museums der Stadt Wien regelmäßig für interessante Sonderausstellungen genutzt wird.

Rotwild im Lainzer Tiergarten: ein Stück Natur innerhalb der Wiener Stadtgrenzen

60 | 61

ESSEN & TRINKEN

Paris hat seine Bistros, Madrid seine Bodegas, Prag seine Bierstuben und London seine Pubs. Wien dagegen kann gleich mit drei ortstypischen gastronomischen Institutionen aufwarten: dem Kaffeehaus, dem Beisl und dem Heurigen.

Die Literatur über das Wiener Kaffeehaus füllt ganze Bibliotheken. Bereits im Biedermeier und mehr noch um 1900 waren die Cafés Brennpunkte des Wiener Geisteslebens. Heute finden sich, über die ganze Stadt verstreut, mehr als 500 solcher Oasen, wo Sie unbehelligt stundenlang bei einer Schale Melange und dem obligaten Glas Wiener Hochquellwassers sitzen können und wo nicht nur ein großes Sortiment an Zeitungen, sondern vielerorts auch Schachbretter, Bridgekarten oder gar Billardtische die Zeit lustvoll zu vertreiben helfen.

In Wien kennt man weit über ein Dutzend Arten, den Kaffee zu servieren. Da sind zunächst der große und kleine Schwarze (Mokka ohne Milch) bzw. Braune (mit Milch). Die Melange ist ein mit viel Milch versetzter und von ein wenig Schlagobers (Schlagsahne) bekrönter sowie mit Kaffee-, Zimt- oder Kakaopulver bestäubter Kaffee. Für eine Kaisermelange wird zusätzlich noch ein Eidotter eingerührt. Der Fiaker ist ein im Glas servierter Mokka, der Einspänner ein Fiaker mit einer Portion Schlagobers. Ein mit Wasser gestreckter Kaffee heißt Verlängerter.

Überall wird in den Kaffeehäusern das klassische „Wiener Frühstück" serviert.

Bild: Steirereck am Stadtpark

Mahlzeit und Prost auf gut wienerisch: das Beisl, das Kaffeehaus und der Heurige sind lebendiger denn je

Es besteht aus einer Kanne Kaffee (oder Tee) sowie Brötchen („Semmel" oder „Gebäck" genannt), Butter, Marmelade oder Honig und einem weichen Ei. Tagsüber gibt es dann, abgesehen von Kuchen und Torten, in vielen Häusern nur Kleinigkeiten wie Würstel oder Toast, Omelette oder Gulaschsuppe. Viele der großen Renommiercafés im Zentrum sind zugleich Restaurants mit teilweise hervorragender Küche.

Die zweite kulinarische Hochburg des Wienertums, das Beisl, liegt wieder im Trend – dank der wundersamen Verjüngung der Wiener Küche, die ja eine Kombination aus böhmischen, ungarischen, italienischen, jüdischen und anderen mitteleuropäischen Kochtraditionen darstellt. Jahrzehntelang war die Stadt des Schnitzels und des Tafelspitzes, der Beuschel, Knödel und Palatschinken bei Feinschmeckern ob der kalorien- und fettreichen Kost verschrien. Inzwischen aber hat eine neue Generation ambitionierter Küchenchefs das Angebot modernen Ernährungsgewohnheiten angepasst.

HEURIGEN

Wiener Kaffeehaustradition – hier im Café Central

Ungebrochener Beliebtheit erfreut sich auch die dritte Wiener Institution, der Heurige. Diese meist mit malerischen Gewölben, Innenhöfen und Gärten versehenen Lokalitäten, in denen man jungen Wein, bodenständige Imbisse und oft auch – live – Wiener Lieder serviert, finden sich in größter Konzentration in den alten Winzerorten an den Ausläufern des Wienerwalds im Nordwesten der Stadt. Mindestens ebenso stimmungsvoll sind die Heurigen in den stilleren Weingegenden wie Strebersdorf und Stammersdorf ganz im Norden, jenseits der Donau,

oder, nahe der südlichen Stadtgrenze, im Bezirk Mauer. Die echten Heurigen, auch Buschenschanken genannt, sind an einem grünen Föhrenbusch über und einer Tafel mit der Inschrift „Ausg'steckt" neben dem Eingangstor zu erkennen.

HEURIGEN

CHRIST (139 D2) (*O*)
Rainer Christ ist dank seiner edlen Tropfen einer der Stars unter Wiens jungen, innovativen Winzern. Sein 400 Jahre alter Familienbetrieb ist eine Idylle mit schattigem Garten und Laube, Vinothek und leckerem Büfett. *In ungeraden Monaten tgl. ab 15 Uhr, Weingut nach tel. Vereinb. | Jedlersdorf, Amtsstraße 10–14 | Tel. 2 92 51 52 | www.weingut-christ.at | Bus 31 A Haspingerplatz, Straßenbahn 31 Großjedlersdorf*

HERRMANN (138 C3) (*O*)
Schöner Garten mit Weinlauben, preiswert. *März–Nov. Do–Mo 15.30–23 Uhr | Johann-Staud-Straße 51 | Tel. 9 14 81 61 | www.weinbau-herrmann.com | Bus 46 B Härtlgasse*

REINPRECHT ● (124 B1) (*G1*)
Renommierter, weitläufiger Weingut-Heurige in ehemaliger Klosteranlage, reichhaltiges Büfett, großer Garten, tgl. Livemusik. Kuriosum: Europas größte Korkenziehersammlung. *Tgl. 15.30–24 Uhr | Cobenzlgasse 22 | Tel. 3 20 14 71 | www.heuriger-reinprecht.at | Straßenbahn 38, Bus 38 A Grinzing*

SCHÜBEL-AUER (138 D2) (*O*)
Inbegriff gutbürgerlicher Buschenschankkultur mit ausgezeichnetem Büfett, Kastaniengarten und Live-Schrammelmusik; an Junisamstagen auch Konzertmatineen. *Di–Sa 15.30–24 Uhr | Kahlenberger Straße 22 | Tel. 3 70 22 22 | www.*

ESSEN & TRINKEN

schuebel-auer.at | Straßenbahn D Beethovengang

SIRBU ⭐ ● 🌿 (139 D2) (*∅ O*)

Speisen und trinken zu moderaten Preisen inmitten von Weingärten mit traumhaftem Wienpanorama. *Mitte April–Mitte Okt. Mo–Sa 15–24 Uhr | Kahlenberger Straße 210 | Tel. 3 20 59 28 | Bus 38 A Armbrustergasse, dann zu Fuß (längerer Anstieg) oder per Taxi*

KAFFEE- & TEEHÄUSER

CAFÉ AMACORD (135 D2) (*∅ K10*)

Nette Raststation zwischen Naschmarkt und Freihausviertel. Frühstück bis 18 Uhr, gute Küche zu moderaten Preisen, großes Zeitschriften- und Spielesortiment. *So–Mi 10–1, Do–Sa 10–2 Uhr | Rechte Wienzeile 15 | U 4 Kettenbrückengasse*

CAFÉ CENTRAL ⭐ ● (122 C3) (*∅ K8*)

Prachtcafé in venezianisch-neugotischem Stil. Um die Wende zum 20. Jh. wetzten hier die besten Literaten und Journalisten ihre Federn. *Mo–Sa 7.30–22, So 10–22 Uhr | Herrengasse 14 | Bus 1 A, U 3 Herrengasse*

INSIDER TIPP ▶ FRAUENHUBER (123 D4) (*∅ L9*)

Wiens ältestes Café: ein Schmuckkästchen mit Perserteppichen, rotem Plüsch und Biedermeiervitrinen. *Mo–Sa 8–24, So 10–22 Uhr, im Aug. Sa abends geschl. | Himmelpfortgasse 6 | U 1, U 3 Stephansplatz*

HAAS & HAAS ⭐ ● (123 D3) (*∅ L8*)

Das traditionsreiche Teehaus ist berühmt für seine Frühstücksvariationen. Angeschlossen ist ein Verkaufsraum mit edlen Tees und Zubehör. Wunderschön ist der Innenhof mit komfortablen Korbstühlen. *Mo–Fr 8–20, Sa 8–18.30, Sa 9–18 Uhr | Stephansplatz 4 | U 1, U 3 Stephansplatz*

HALLE CAFÉ-RESTAURANT ⭐ (122 C6) (*∅ J9*)

Schlicht und mit Schick, gutes Essen. Im Sommer Terrasse und Garten mit Blick auf den MQ-Innenhof. Szenetreffpunkt

---

⭐ **Sirbu**
Klassischer Heuriger mit Panorama → S. 65

⭐ **Sperl**
Schönes Traditionscafé → S. 67

⭐ **Café Central**
Prachtcafé, das einst berühmte Literaten inspirierte → S. 65

⭐ **Haas & Haas**
Exquisites Teehaus mit herrlichem Innenhof → S. 65

⭐ **Halle Café-Restaurant**
Trendig, schlicht und schick → S. 65

⭐ **Plachutta**
Tafelspitz und Co: Hier blüht die Wiener Rindfleischtradition → S. 67

⭐ **Steirereck am Stadtpark**
Gourmettempel der Extraklasse im Grünen, am Wienfluss gelegen → S. 66

⭐ **Gulaschmuseum**
Der Paprikaklassiker, serviert in 15 Varianten → S. 69

⭐ **Lusthaus**
Tafeln wie im Biedermeier – unter großen Kastanienbäumen im Herzen des Praters → S. 69

⭐ **Wrenkh**
Gesund und gut: ein Paradies für „eingefleischte" Vegetarier → S. 70

MARCO POLO HIGHLIGHTS

KAFFEE- & TEEHÄUSER

mit trendigen Kunstausstellungen und Veranstaltungen im Haus. *Tgl. 10–2 Uhr | MQ, Museumsplatz 1 | U 1, U 2, U 3 Museumsquartier*

KORB (123 D3) (🗺 *K8*)
Angenehm unprätentiöses Caférestaurant, das gern von Künstlern frequentiert wird. Im Keller: Art Lounge. *Mo–Sa 8–24, So 11–21 Uhr | Brandstätte 9 | U 1, U 3 Stephansplatz*

LANDTMANN 🍃 (122 B2) (🗺 *J8*)
Großes, klassisches, freilich auch teures Ringstraßencafé, von Politikern, Jour-

nalisten und Geschäftsleuten gern als „Zweitbüro" genutzt. Schöne Terrasse. *Tgl. 7.30–24 Uhr | Dr.-Karl-Lueger-Ring 4 | Straßenbahn 1, 2, 37, 38, 40–44, Bus 1 A, U 2 Schottentor*

MEIEREI 🍃 (123 F4) (🗺 *M9*)
Ein Teil des legendären, im Stadtpark residierenden Gourmettempels *Steirereck* ist diese Milchbar. Kredenzt werden Milch in allen erdenklichen Variationen, 150 Käsesorten, Schnitzel, gesunde Säfte, Spitzenweine. Zu jeder vollen Stunde am Nachmittag ofenwarme Strudel vom Allerfeinsten. Terrasse mit Wienfluss-

GOURMETTEMPEL

Coburg (123 E4) (🗺 *L 8–9*)
Unter dem Palais Coburg befindet sich Europas größter und bestsortierter Weinkeller. Bei Führungen im Weinbistro kann man Edeltropfen verkosten und im Gourmetrestaurant köstlich schmausen. Weinbistro. Menü ab 98 Euro. *Tgl. 7–24, Restaurant Di–Sa 18–22 Uhr | Coburgbastei 4 | Tel. 51 81 88 70 | www.palais-coburg.com | U 3 Stubentor, U 4 Stadtpark*

Le Loft 🍃 **(123 E–F2) (🗺 *M7*)**
Im 18. Stock des von Jean Nouvel aufregend gestylten Hotel Sofitel schlemmen Sie wie Gott in Frankreich: Austerntatar, Froschschenkel, bretonischer Hummer oder Terrine von der Jakobsmuschel. Dass man sich wie im siebten Himmel fühlt, liegt auch am atemberaubenden, beinahe 360°-Blick durch die verglasten Wände über die Dächer der Stadt. *Menü ab 73 Euro | Tgl. | Praterstraße 1 | Tel. 9 06 16 | www.sofitel-vienna.com | U 1, U 4 Schwedenplatz*

Steirereck am Stadtpark ⭐
(123 F4) (🗺 *M9*)
Internationale Spitzenküche mit wienerischem Einschlag in zwei Konzepten: In der ess.bar im Entree werden delikate Kleinigkeiten zu moderaten Preisen angeboten, im Obergeschoss liegt das Feinschmeckerrestaurant. Menü ab 55 Euro mittags und ab 118 Euro abends. *Mo–Fr 11.30–14.30 und ab 18.30, ess. bar ab 17 Uhr | Am Heumarkt 2a | im Stadtpark | Tel. 713 31 68 | www.steirereck.at | Straßenbahn 1, 2, U 4 Stadtpark*

Walter Bauer (123 E3) (🗺 *L8*)
Intime Gourmetoase mit nur 30 Sitzplätzen. Chefkoch Tommy Möbius sorgt für allerfeinste Wiener Küche mit kreativem Touch, Patron Walter Bauer für makellosen Service. 5-Gang-Menü um 79 Euro. *Sa, So geschl., Mo nur abends | Sonnenfelsgasse 17 | Tel. 5 12 98 71 | www.moebius.co.at | U 1, U 3 Stephansplatz*

ESSEN & TRINKEN

Blick. *Mo–Fr 8–23, Sa, So 9–19 Uhr | Am Heumarkt 2a | U 4 Stadtpark, U 3, U 4 Landstraße*

SPERL ⭐ ● (129 D6) (*J9*)
Alt-Wien, wie es leibt und lebt: Marmortischchen, Thonet-Stühle und heimelige Logen, dazu Billardtische, vielerlei Zeitungen, frische Mehlspeisen und eine treue Stammkundschaft, kurz – ein Kaffeehaus wie aus dem Bilderbuch. *Mo–Sa 7–23, So 11–20 Uhr, Juli/Aug. So geschl. | Gumpendorfer Straße 11 | Bus 57 A Stiegengasse*

CAFÉ STEIN (122 B1) (*J7*)
Das Studentencafé mit Frühstück, guter Küche und Internetbar wird abends zum gut besuchten In-Lokal. Dann gehen überwiegend Italodrinks und Espressi über den Tresen. *Mo–Sa 7–1, So 9–1 Uhr | Währinger Str. 6–8 | Straßenbahn 37, 38, 40–44, U 2 Schottentor*

RESTAURANTS €€€

HUTH (123 E5) (*L9*)
Edelgastwirt mit gehobener Wiener Küche, feine Weine, eleganter Livingroom im Keller. *Tgl. | Schellinggasse 5 | Tel. 513 56 44 | www.zum-huth.at | Straßenbahn 2, D Schwarzenbergplatz*

MOTTO AM FLUSS (123 E2) (*L8*)
Die neue Ankerstation für die Shuttle-Schiffe Richtung Bratislava liegt am rechten Donaukanalufer wie eine gläserne Luxusjacht. Sie birgt neben einem Café und einer Bar ein binnen kurzem zum In-Treff für Bobos und Business-People avanciertes Restaurant. Leichte, regionale Gourmetküche, feine Weine, 🌿 große Terrasse mit tollem Flussblick; im Café üppiges Frühstück bis 16 (!) Uhr. *Tgl. | Schwedenplatz | Tel. 252 55 11 | www.motto.at | U 1, U 4 Schwedenplatz*

Stilvoll: Sachertorte im Café Sperl

PLACHUTTA ⭐ (123 E4) (*L8*)
Hier ist nicht nur der Tafelspitz spitze. In ihrer schicken City-Gastwirtschaft servieren Ewald Plachutta und sein Team über ein Dutzend Arten von gekochtem Rindfleisch. *Tgl. | Wollzeile 38 | Tel. 512 15 77 | www.plachutta.at | U 3 Stubentor*

SCHWARZES KAMEEL (122 C3) (*K8*)
Die Wurzeln dieses stilvollen Restaurantklassikers gehen bis ins 17. Jh. zurück. Traditionsbewusste und kreative Küche, von Chef Christian Domschitz, während Maître Gensbichler mit k. u. k. Charme kompetent durch Keller und Käsereich

66 | 67

RESTAURANTS €€

SPEZIALITÄTEN

▶ **Apfelstrudel** – ein Gaumentraum aus geriebenen Äpfeln, Nüssen, Rosinen, gewürzt mit Zimt und Zucker, in hauchdünnem Blätterteig
▶ **Beuschel** – klein geschnittene Innereien (meist Herz und Lunge) in pikanter Sauce
▶ **Buchteln** – mit Marmelade gefülltes und häufig mit Vanillesauce übergossenes Hefegebäck (Dampfnudeln)
▶ **Frankfurter** – Würstchen, die überall sonst auf der Welt „Wiener" heißen
▶ **Frittaten** – in Fett gebackene und in Streifchen geschnittene Eierpfannkuchen, als Einlage für klare Rindsuppe
▶ **Kaiserschmarrn** – Süßspeise aus zerrupftem Omeletteteig, meist mit Zwetschkenröster, eingedicktem Pflaumenkompott, genossen
▶ **Nockerln** – den italienischen Gnocchi verwandte Klößchen alias Spätzle; in Form von Grieß- oder Butternockerln als Suppeneinlage, aus duftigem Eischaum als „Salzburger Nockerln" legendär

▶ **Palatschinken** – süßer, mit Marillen (= Aprikosen)marmelade gefüllter Pfannkuchen; aber auch Variationen mit Füllung aus Topfen (= Quark) oder Eiscreme (Foto li.)
▶ **Powidltascherln** – böhmische Mehlspeise: mit Pflaumenmus gefüllte Kartoffelteigtaschen
▶ **Sachertorte** – die Torte schlechthin, aus Eigelb, Zucker, wenig Mehl und Eiweißschnee, mit Aprikosenkonfitüre gefüllt und Schokolade übergossen
▶ **Stelze** – gegrillte Unterschenkel vom Schwein oder Kalb; Beilagen: Sauerkraut und Semmelknödel
▶ **Tafelspitz** – ein Gustostück vom gekochten Rind, in der Regel mit Schnittlauchsauce, Röstkartoffeln und Apfel- oder Semmelkren (= geriebenem Meerrettich) serviert
▶ **Wiener Schnitzel** – der Klassiker: das panierte und goldbraun herausgebackene Kotelett vom Kalb; Idealbeilage: Kartoffelsalat (Foto re.)

führt. Angeschlossen sind eine Stehbar sowie ein feiner Wein- und Delikatessenladen. *So geschl. | Bognergasse 5 | Tel. 5 33 81 25 | www.kameel.at | U 3 Herrengasse*

RESTAURANTS €€

AUX GAZELLES (122 B5) (*J9*)
Orient pur für alle Sinne: Die schnieke Kombination aus Brasserie, Café & Deli

ESSEN & TRINKEN

bietet Kaviar- und Austernbar, Teesalon und Club. Auch ein marokkanisches Dampfbad gehört dazu. *Mo–Do Café 11–2, Fr/Sa 11–4 Uhr, Restaurant Mo–Sa 18–24, Club mit DJ Do–Sa 22–4 Uhr | Rahlgasse 5 | Tel. 5 85 66 45 | www.auxgazelles.at | U 2 Museumsquartier*

INSIDER TIPP ▶ **ZUM BLAUEN ESEL**
(132 B4) (*♫ C11*)
Ideal nach einem Schönbrunn-Besuch trotz etwas abschreckender Lage. Gemütliches Gasthaus, herrlicher Garten samt Kies und Kastanien. Gehobene Vorstadtküche, Steaks und Scampi vom Grill sowie gute Weine. *Mittags sowie So geschl. | Hadikgasse 40 | Tel. 8 95 51 27 | www.blauer-esel.at | U 4 Hietzing*

GMOAKELLER (129 F6) (*♫ L9*)
Gekonnt verfeinerte Hausmannskost nach Traditionsrezepten mit steirischem Einschlag in behaglicher Wirtshausatmosphäre. Ausgezeichnete Weine. *So geschl. | Am Heumarkt 25 | Tel. 7 12 53 10 | www.gmoakeller.at | U 4 Stadtpark*

GULASCHMUSEUM ★ (123 E3) (*♫ L8*)
Ein „Museum" der anderen Art: Hier werden 15 Varianten der bekannten ungarischen Paprika-Fleisch-Speise kredenzt – im Sommer können Sie auch draußen sitzen. *Tgl. | Schulerstraße 20 | Tel. 5 12 10 17 | www.gulasch.at | U 1 Stephansplatz*

HANSEN (122 C1) (*♫ K7*)
Wunderschönes Lunchlokal im Souterrain der Börse mit Blick auf üppige Grünpflanzen. Moderne, leichte Küche. *Sa abends und So geschl. | Wipplingerstraße 34 | Tel. 5 32 05 42 | www.hansen.co.at | Straßenbahn 1 Börse*

LUSTHAUS ★ ☙ (139 E3) (*♫ S11*)
Schöner, ehemals kaiserlicher Jagdpavillon mit Terrasse, großen Kastanienbäu-

men und spritzigem Wein. An lauschigen Sommerabenden schweben hier im Herzen der Prateraue die Seelen davon. Die Küche stellt auch gehobene Ansprüche zufrieden. *Mai–Sept. Sa, So nur bis 18 Uhr, Okt.–April Mi geschl. und Do–Di nur bis 18 Uhr | Freudenau 254 (Hauptallee) | Tel. 7 28 95 65 | www.lusthauswien.at | Bus 77 A Lusthaus*

MARTINJAK (122 C5) (*♫ K9*)
In behaglichem, mit urbanem Designschick angereicherten Berghüttenflair erfreut man sich an „Spezereyen" der Regionalküche – von Krautfleckerln bis zur Blunzenroulade (aus Blutwurst). Intreff mit Mittagsmenü für 7,80 Euro, freitags Zirben-Chillout, am Samstag Happy Hour, jeweils ab 19 Uhr. *Tgl. | Opernring 11 | Tel. 53 56 96 | www.martinjak.com | U 1, U 2, U 4 Karlsplatz*

NENI (128 B6) (*♫ K10*)
Erfrischend aromareiche israelisch-levantinische Küche Marke Mezzeh, Kibbeh und Salate. Café und nettes Dachrestaurant, auch Sandwich-Straßenverkauf. *So geschl. | Naschmarkt 510 | Tel. 5 85 20 20 | www.neni.at | U 1, U 2, U 4 Karlsplatz*

UBL (135 D2) (*♫ K10*)
Nichts für Kalorienzähler, aber ein Paradies für Fans klassischer österreichischer Spezialitäten wie Schnitzel, Stelze oder gebackene Innereien, und noch dazu ein urgemütliches Gasthaus-Ambiente mit Kanonenofen, alten Holztäfelungen und -dielen. *Mo/Di geschl. | Pressgass 26 | Tel. 5 87 64 37 | U 4 Kettenbrückengasse*

URANIA ☙ (123 F2) (*♫ M8*)
Schicke Kombination aus Café, Bar und Restaurant mit kreativer, internationaler Küche. Terrasse mit phantastischem Blick auf den Donaukanal (reservieren!). Günstiges Mittagsmenü. *Tgl. 9–24 Uhr |*

RESTAURANTS €

Tel. 713 30 66 | www.barurania.com | Straßenbahn 1, 2 Urania, U 1, U 4 Schwedenplatz

WRENKH ⭐ (123 D3) (*ﻼ L8*)
Wiens Vorkämpfer und Meister der gesunden Küche ist ein Mekka für Vegetarier. Recht fashionable samt schicker Bar, angeschlossen: ein Shop für „Functional Food" und ein „Kochsalon" mit Infos über gesunde Ernährung. *So geschl. | Bauernmarkt 10 | Tel. 5 33 15 26 | www. wrenkh.at | U 1, U 3 Stephansplatz*

LOW BUDG€T

▶ Eine typisch wienerische – und äußerst preiswerte! – Art, den kleinen Hunger bis tief in die Nacht zu stillen, bieten die zahlreichen, über die ganze Stadt verstreuten Würstelstände. Beliebte Buden stehen u. a. am Hohen Markt, Albertina-, Schwarzenberg- und Schwedenplatz.

▶ Am Naschmarkt **(135 D1–2)** (*ﻼ J–K 10*) kredenzen eine ganze Reihe von Esslokalen – Japaner, Türken, Wiener, Iraner, Chinesen – gute und günstige Kost.

▶ Authentische Küche aus der Türkei bekommen Sie im *Kent*. Riesenauswahl, entspannte Atmosphäre und konkurrenzlos günstige Preise, schöner Garten. **(128 A4)** (*ﻼ G7*) | Tgl. 6–2 (!), Garten 9–22 Uhr / Brunnengasse 67 | Tel. 4 05 91 73 | www. kent-restaurant.at | U 6 Josefstädter Straße, Straßenbahn 43 **(135 E2)** (*ﻼ F10*) | Filiale tgl. 6–24 Uhr | Tel. 7 89 80 38 | Märzstraße 39 | Straßenbahn 9, 49, U 3 Schweglerstraße

RESTAURANTS €

CENTIMETER (122 A6) (*ﻼ J9*)
Bei der Lokalkette überzeugt das extrem günstige Preis-Leistungs-Verhältnis und die Originalität. Die Speisekarte in Form eines Zollstockes verspricht u. a. vielerlei dick belegte Riesenschwarzbrote, die man nach Zentimetern bezahlt. *Tgl. | Stiftgasse 4 | Tel. 4 70 06 06 | www. centimeter.at | U 3 Neubaugasse, Straßenbahn 49 Stiftgasse*

INSIDER TIPP ▶ CURRY-INSEL
(122 A3) (*ﻼ J8*)
Fleisch-, Fisch- und Gemüsecurrys, dazu Kokos- oder Zitronenreis: In dem freundlichen Lokal wird tamilische Kochkunst auf hohem Niveau zu niedrigen Preisen zelebriert. Jeden 1. Sa im Monat um 12 Uhr All-you-can-eat-Büfett, ca. 13 Euro. Sonntagsbrunch 11–15 Uhr. *Tgl., Juli/Aug. geschl. | Lenaugasse 4 | Tel. 4 06 92 33 | www.curryinsel.at | U 2 Rathaus*

GLACISBEISL (122 A5) (*ﻼ J9*)
Unmittelbar hinter dem Museumsquartier lädt der Gastroklassiker in postmodernem Ambiente zu guter Hausmannskost. Günstiges Mittagsmenü, herrlicher Gastgarten. *Tgl. | Museumsplatz 1/Zugang: Breite Gasse 4 | Tel. 5 26 56 60 | www.glacisbeisl.at | U 2, U 3 Volkstheater*

INSIDER TIPP ▶ INIGO (123 E3) (*ﻼ L8*)
Freundlich-ungezwungener Treffpunkt für ein bunt gemischtes Publikum. Spezialitäten sind die vegetarischen Menüs und das Mittagsmenü um 5,90 Euro. *So geschl. | Bäckerstraße 18 | Tel. 5 12 74 51 | www.inigo.at | U 3 Stubentor*

RAMIEN (122 B6) (*ﻼ J9*)
Das Pionierlokal unter Wiens modernen Asiaten wird für sein schlichtes Styling und seine famose Küche weithin gelobt

ESSEN & TRINKEN

und ist bis heute bei jungen Kreativen beliebt. Herrliche Nudelsuppen, Reisgerichte mit Tofu, Ente, Lachs oder Garnelen. *Mo geschl. | Gumpendorfer Straße 9 | Tel. 5 85 47 98 | www.ramien.at | U 2, U 4 Karlsplatz*

SCHWEIZERHAUS (130 C3) (*O7*)
Eine Institution im Wurstelprater. Herzhafte Altwiener Küche von Schnitzel und Spiegelkarpfen bis Schweinsstelze und Saftgulasch. Im Sommer sitzt man im Schatten riesiger Kastanienbäume. *Mitte März–Ende Okt. tgl. | Prater 116 | Tel. 7 28 01 52 13 | www.schweizerhaus.at | U 1 Prater – Messe*

INSIDER TIPP SOHO IN DER NATIONALBIBLIOTHEK (122 C4) (*K 8–9*)
Beamtenkantine im Stil eines Designerlokals mit Bistroküche zu Mensapreisen. Täglich wechselnde Menüs, auch Snacks. *Am Josefsplatz 1/Neue Hofburg | Zugang vom Burggarten neben Schmetterlingshaus oder hinter der Burgkapelle Tür links | Mo–Fr 9–16 | Menü ab 11.30 Uhr | Tel. 06 76 3 09 51 61 | U 2 Museumsquartier, Bus 2 A Michaelerplatz*

TIROLERGARTEN (132 B5) (*C12*)
Herzhaft-Alpines in Tiroler Bauernhaus – von Speckjause, Schlutzkrapfen und Bio-Rindgulasch bis Spinat- und Tiroler Knödel. Schöner Garten. Im ersten Stock abends Restaurantbetrieb mit gehobener Küche (und ebensolchen Preisen). *Tgl. |*

Deftiges im Schweizerhaus: Bier in Strömen, dazu herzhafte Altwiener Küche

Schlosspark Schönbrunn | Tel. 8 79 35 56-20 | www.gasthaustirolergarten.at | U 4 Hietzing, dann Bus 15 A oder 56 B

WALDVIERTLER HOF
(134 C2–3) (*J10*)
Typisches Landgasthaus – mitten in der Stadt! Herzhafte Spezialitäten aus dem nördlichen Niederösterreich, sehr freundliches und flottes Personal, gemütlich-rustikales Ambiente und großer Garten unter Kastanienbäumen; preisgünstige Mittagsmenüs. *Sa, So geschl. | Schönbrunner Str. 20 | Tel. 5 87 34 47 | www.waldviertlerhof.at | U 4, Bus 59 A Kettenbrückengasse*

EINKAUFEN

Bild: Antiquitätenmarkt

WOHIN ZUERST?
Stephansdom (123 D3)
(*L 8*): Wiens zentrale Shoppingzone erstreckt sich rund um den Dom: Von Nobelboutiquen gesäumt sind Graben und Kohlmarkt, in geringerem Maße auch Rotenturm- und Kärntner Straße. Merklich preiswerter geht es auf den großen, peripheren Einkaufsmeilen, wie Landstraßer und Wiedner Hauptstraße sowie Favoritenstraße, vor allem aber auf der Mariahilfer Straße zu. Auf viele interessante und oft kuriose Läden stößt man in den Seitengässchen der City, aber auch beiderseits des Naschmarkts.

Die Donaumetropole ist ein teures Pflaster. Dies gilt besonders für Markenartikel der internationalen Accessoires- und Modeindustrie. Örtliche Traditionsprodukte sind Gold-, Silber- oder Emaillearbeiten, ebenso Möbel, Stoffe, edle Gläser im Biedermeier- oder Jugendstil und, nicht zu vergessen, Musikalien sowie alte und neue Bücher.

Immer ein tolles Mitbringsel sind Textilien, seien es Trachten oder Loden, Maßanzüge oder -schuhe, vor allem aber auch die Kreationen junger Designer und Modemacher, deren Ateliers und Verkaufsläden insbesondere in der Gegend um Neubau- und Lindengasse wie Pilze aus dem Boden schossen.

Wer hingegen klassische Mitbringsel sucht, wird an Augarten-Porzellan, Petit-

Antiquitäten, Trachten, Schmuck und Porzellan: Wien ist nicht billig, doch für stilvolle Souvenirs allemal gut

Point-Stickereien und der legendären Sachertorte – oder der nicht minder leckeren Imperialtorte – nicht vorbeikommen. Eine Besonderheit stellen jene alteingesessenen Nobelgeschäfte in der City, die bis heute den Titel „K. & K. Hof"- oder gar „Kammerlieferant" auf dem Firmenschild tragen und schon wegen ihrer verstaubten Eleganz einen Besuch lohnen. Sinnlich-handfester geht es auf Wiens insgesamt fast zwei Dutzend Lebensmittelmärkten zu, unter denen der Naschmarkt mit dem samstags angrenzenden Flohmarkt einen Besuch am meisten lohnt.

Die Ladenöffnungszeiten werden in Wien mittlerweile merklich lockerer gehandhabt: Die Rollläden werden an Werktagen vielerorts erst um 19, ja sogar 20 Uhr heruntergelassen. Samstags freilich ist immer noch spätestens um 17 Uhr Schluss. Und am Sonntag bleiben die allermeisten Läden – sogar jene für Souvenirs – generell geschlossen. Selbst Lebensmittel gibt es nur in ausgewählten Läden an den Bahnhöfen.

ACCESSOIRES, SCHMUCK & HANDWERK

Mohrenfigur bei Meinl: Erinnerung an Kolonialzeiten

ACCESSOIRES, SCHMUCK & HANDWERK

ANNA STEIN (135 D2) (*J 10*)
Ausgefallene Souvenirs und Nippes – von Filzbörsen über Kunstkarten bis zu brasilianischem Schmuck. Salonatmosphäre, mit angeschlossenem Streetcafé. *Kettenbrückengasse 21 | www.anna-stein.com | U 4 Kettenbrückengasse*

FREY WILLE
Edler, dekorativer Emailleschmuck mit 24-karätigem Golddekor. *Lobkowitzplatz 1 | Straßenbahn D, 1, 2, U 1, U 2, U 4 Karlsplatz* (122 C4) (*L 8*) *| Stephansplatz 5 | U 1, U 3 Stephansplatz* (122 C4) (*K 9*)

HARTMANN (123 D4) (*L 8*)
Handgearbeitete Brillen mit internationalem Ruf. Außerdem Kämme, Schuhlöffel etc. aus Horn. *Singerstraße 8 | U 1, U 3 Stephansplatz*

HORN
Geschmackvolle Accessoires und Reiseartikel aus Leder, zeitlos elegant und perfekt verarbeitet. *Bräunerstraße 7 | U 1, U 3 Stephansplatz* (122 C3) (*K8*) *| Mahlerstraße 5 | U 1, U 2, U 4 Karlsplatz* (123 D5) (*K9*)

RETTI (122 C3) (*K8*)
Schmuck, Uhren, Kerzenobjekte. Das Portal ist ein Frühwerk von Hans Hollein. *Kohlmarkt 10 | Bus 2 A, 3 A, U 3 Herrengasse*

SCHULLIN (122 C3) (*K8*)
Zeitgemäßer, mondäner Schmuck. Eine Attraktion ist auch das von Hans Hollein gestaltete Entree. *Kohlmarkt 7 | Bus 2 A, 3 A, U 3 Herrengasse*

INSIDER TIPP ▶ SILBERBOUTIQUE
(123 D4) (*K8*)
Klassiker der Silberschmiedekunst und des modernen Designs: erlesene Schalen, Körbe, Tafelaufsätze, Kerzenleuchter, Bestecke und Souvenirs. *Spiegelgasse 14 | U 1, U 2 Stephansplatz*

SKREIN (123 D4) (*K8*)
Ein junges Team exzellenter Schmuckkünstler präsentiert eigene Kreationen und die bekannter Kollegen. Sehr innovativ und persönlich. *Spiegelgasse 5 | U 1, U 3 Stephansplatz*

WALTER WEISS (134 C1) (*J9*)
Hunderte handgezogener Haar- und Kleiderbürsten, die ein Leben lang halten. *Mariahilfer Straße 33 | Bus 2 A Königsklostergasse*

ANTIQUITÄTEN & ANTIQUARIATE

CHRISTIAN NEBEHAY (123 D5) (*L9*)
Bücher und Kunst, vor allem aus der Jugendstil- und Secessionsära. *Annagasse*

EINKAUFEN

18 | Straßenbahn D, 1, 2, U 1, U 2, U 4 Karlsplatz

INLIBRIS GILHOFER NFG.
(122 A2) (ill J7)
Eines der führenden Häuser für Austriaca, Autografe, alte Drucke, Bücher. *Rathausstraße 19 | Straßenbahn 1, U 2 Schottentor*

KOVACEK (123 D4) (ill K8)
Hier bekommen Sie gläserne Antiquitäten allererster Güte. *Stallburggasse 2 | Bus 3 A, U 1, U 3 Stephansplatz*

AUKTIONSHAUS

DOROTHEUM ● (122 C4) (ill K 8)
Möbel, Porzellan, Bücher, Schmuck, Gemälde, Spielzeug und Kuriositäten aller Art, Preis- und Qualitätsklassen kann man in diesem über 300 Jahre alten, heute sehr eleganten Pfandhaus erstehen – entweder bei Auktionen oder im Bereich „Freier Verkauf". Flanieren und stöbern lohnt auf jeden Fall. *Mo–Fr 10–18, Sa 9–17 Uhr | Dorotheergasse 17 |* *Tel. Auktionstermine: Tel. 5156 00 | www. dorotheum.com | U 1, U 3 Stephansplatz*

FEINKOST, TEE & WEIN

BABETTE'S (135 D2) (ill K10)
Sehr bekömmliche Mischung aus internationalen Kochbüchern und exotischen Gewürzen. Dazu Kochkurse und mittags frische Suppen und Currys. *Schleifmühlgasse 17 | U 4 Kettenbrückengasse*

INSIDER TIPP ▶ BÖHLE (123 E4) (ill L8)
Traditionsreicher Delikatessenladen mit phänomenalem Wein- und Spirituosenangebot. Frisch zubereitete Aufstriche und warme Spezialitätenhäppchen im Straßenverkauf. *Wollzeile 30 | Straßenbahn 1, 2 Luegerplatz, U 3 Stubentor*

JULIUS MEINL AM GRABEN ★
(122 C3) (ill K8)
Der beste Feinkostladen der Stadt. Auf drei Stockwerken gibt es neben einer riesigen Auswahl an Delikatessen ein Restaurant, ein Café sowie

---

MARCO POLO HIGHLIGHTS

★ **Julius Meinl am Graben**
Delikatessen – wirklich aus aller Welt → S. 75

★ **Steffl**
Traditionskaufhaus: führend in Mode und Lebensart → S. 76

★ **Vinissimo**
Edle Tropfen aus ganz Österreich – auch zum Verkosten → S. 76

★ **Trachten Tostmann**
Trachtenmode und -verleih: stilecht im Austrian Look → S. 79

★ **Naschmarkt**
Basaratmosphäre auf Wiens größtem und schönstem Lebensmittelmarkt → S. 78

★ **Augarten**
Aus der zweitältesten Porzellanmanufaktur Europas kommen Wiens weltberühmte Figuren aus dem weißen Gold → S. 77

★ **Altmann & Kühne**
Süßes für Schleckermäuler, dazu noch hübsch verpackt → S. 79

FILM, SPIELE & MUSIK

Wein- und Sushibar. *Graben 19 | www.meinlamgraben.at | Bus 2 A, 3 A, U 1, U 3 Herrengasse*

SCHÖNBICHLER (123 D3) (𝄞 L8)
Wiens bester Teespezialist führt mehr als 100 Sorten aus aller Welt – vom edlen Klassiker bis zum modernen Mix in coolen Aludosen. *Wollzeile 4 | Bus 2 A, U 1, U 3 Stephansplatz*

VINISSIMO ⭐ (122 A6) (𝄞 H10)
Erstklassige Weine aus ganz Österreich werden hier offeriert – auch zum Verkosten im kleinen Bistro. *Mo–Sa 11–23 Uhr | Windmühlgasse 20 | Bus 2 A, 57 A*

FILM, SPIELE & MUSIK

DOBLINGER (122 C4) (𝄞 K8)
Traditionshaus für neue und antiquarische Noten. Dazu Musikfachliteratur

LOW BUDGET

▶ Wiens aufregendste Altkleidersammlung: Hier bekommen Sie die modischen Highlights der letzten acht Jahrzehnte zu Schnäppchenpreisen – von Uromas Schnürmieder bis zu messerscharfen Hotpants. **(128 B5) (𝄞 M8)** *Humana Retro – Trend & Jugend | Lerchenfelder Straße 45/Ecke Neubaugasse | Straßenbahn 46 Piaristengasse*

▶ Jeden Samstag schlagen nahe der U-Bahn-Station Kettenbrückengasse **(135 C2) (𝄞 J9)** Altwarenhändler ihre Stände auf. Kunterbuntes Allerlei, auch mit Bücherflohmarkt. *6.30–18 Uhr, im Winter bis Einbruch der Dunkelheit*

und Platten. *Dorotheergasse 10 | U 1, U 3 Stephansplatz*

GAMES CENTER (122 B6) (𝄞 J9)
Spiele für Kinder und Erwachsene: die größte Brettspielauswahl in der Stadt. *Theobaldgasse 20 | U 2 Museumsquartier*

SATYR (123 D2) (𝄞 L7)
Fachgeschäft mit 5000 deutsch- und 20 000 englischsprachigen DVDs. Auch Riesensortiment an Büchern. *Vorlaufstraße 2 | Straßenbahn 1, 2, U 4 Schwedenplatz*

KAUFHÄUSER

GERNGROSS (134 C1) (𝄞 H10)
Traditionskaufhaus seit 180 Jahren auf fünf Stockwerken. *Mo–Fr 9.30–19, Sa 9–17 Uhr | Mariahilfer Straße 38–48 | U 3 Neubaugasse*

RINGSTRASSENGALERIEN (123 D5) (𝄞 K–L 9)
Die stilvolle Shoppingpassage bietet 70 Läden auf 10 000 m². *Kärntner Ring 5–7 | Straßenbahn D, 1, 2, 71, U 1, U 2, U 4 Karlsplatz*

STEFFL ⭐ (123 D4) (𝄞 L8)
Im Traditionshaus finden Sie Mode und Lifestyle, alles exquisit und teuer. *Mo–Fr 9.30–19, Sa 9.30–17 Uhr | Kärntner Straße 19 | U 1, U 3 Stephansplatz*

KUNSTHANDWERK, DESIGN & MÖBEL

ARTUP (123 D3) (𝄞 L8)
Galerie-Shop mit witzigem Mix aus Wohnaccessoires, Mode und originellen Souvenirs, hergestellt als Unikate oder in Kleinserie von heimischen Nachwuchsdesignern. *Bauernmarkt 8 | U 3 Museumsquartier*

EINKAUFEN

AUGARTEN ★
Die filigranen Figuren sowie das Geschirr aus dieser zweitältesten Porzellanmanufaktur Europas zählen zu den beliebtesten Mitbringseln aus Wien. Im Stammhaus in Schloss Augarten zeigen einstündige Führungen den Herstellungsprozess. *Beginn Mo–Fr 10 Uhr | 12 Euro | Obere*

INSIDER TIPP HABARI
(122 B6) (*J9*)
Hochkarätige Wohnaccessoires und Tischdekor, Schmuck und Textilien aus Schwarzafrika. Im Souterrain werden bei freiem Eintritt Sonderausstellungen gezeigt. *Theobaldgasse 16 | www.habari.at | U 2 Museumsquartier*

Vom kostbaren Kristalllüster bis zur Vase: Bei Lobmeyr funkelt alles aus Glas

Augartenstraße 1 (129 F1) (*L6*) *| Verkauf auch Stock-im-Eisen-Platz 3–4 | U 1, U 3 Stephansplatz* (123 D3) (*K8*) *| www.augarten.at*

BACKHAUSEN (123 D4) (*L9*)
Das Einrichtungsgeschäft führt exquisite Möbel- und Dekostoffe, Designermöbel, Geschenkartikel und Wohnaccessoires mit Schwerpunkt Jugendstil. *Schwarzenbergstraße 10 | U 1, U 2, U 4 Karlsplatz*

CARL AUBÖCK (128 A5) (*G8*)
Markantes Design, vom Briefbeschwerer bis zum Schlüsselanhänger, aus einer vielfach preisgekrönten Traditionswerkstätte. *Bernardgasse 23 | U 6 Thaliastraße*

KAROLINSKY / WOKA (123 D4) (*L8*)
Designlampen in Jugendstil und Art déco nach Entwürfen von Josef Hoffmann, Adolf Loos, Kolo Moser und anderen. *Singerstraße 16 | U 1, U 3 Stephansplatz*

LOBMEYR (123 D4) (*K9*)
Edle Kristalllüster, Spiegel, Gläser. Sehr sehenswert (Eintritt frei) ist das INSIDER TIPP Glasmuseum im 2. Stock! *Kärntner Straße 26 | U 1, U 3 Stephansplatz*

MARIA STRANSKY (122 C4) (*K8*)
Der Laden führt feinste Petit-Point-Stickereien – wienerischer geht es nicht. *Hofburg-Passage 2 | U 1, U 3 Stephansplatz, U 3 Herrengasse*

76 | 77

MARKT

MARKT

NASCHMARKT ⭐ ●
(135 D1–2) (*J–K 10*)
Der „Bauch von Wien", der größte und auch schönste Lebensmittelmarkt der Stadt, verströmt heiter-sinnliche Basaratmosphäre. Besonders charmant: die lautstark feilschenden, Kostproben reichenden Händler vom Balkan und aus der Türkei. *An der Wienzeile zwischen Kettenbrückengasse und Karlsplatz | Mo–*

DISASTER CLOTHING
(128 C6) (*H10*)
Hier können Sie witzig-hippe Designermode, vor allem Shirts, für sie und ihn erstehen. Auch Kleidungsverleih für Events. *Kirchengasse 19 | Filiale: Neubaugasse 7 | beide: Straßenbahn 49 Kirchengasse, U 3 Neubaugasse*

FLO (135 D2) (*K10*)
„Antiquitäten mit Nähten" lautet das Motto in Ingrid Raabs Laden für Vintage-

Mehr als 500 m lang und wunderbar sinnlich: der Naschmarkt

Fr 6–18.30, Sa 6–17 Uhr | U 4 Kettenbrückengasse

MODE

ATIL KUTOGLU (122 C3) (*K8*)
Topdesigner aus Istanbul, der orientalische und westliche Elemente miteinander verbindet. Seine kosmopolitische Mode trägt mittlerweile auch mancher Hollywoodstar. *Habsburgergasse 10 | U 1, U 3 Stephansplatz*

Mode. Mehr als 5000 Kleidungsstücke, vom Charlestonkleid bis zum New Look der 1950er-Jahre, dazu Seidenstrümpfe, Modellhüte, Modeschmuck und vieles mehr. In diesem Geschäft stöbern auch Filmstars und Trendscouts. *Schleifmühlgasse 15a | U 4 Kettenbrückengasse*

FREITAG (128 B6) (*H9*)
Taschen und Rucksäcke des Schweizer Kultlabels aus alten LKW-Planen mit Henkeln aus gebrauchten Sicherheits-

EINKAUFEN

gurten und Säumen aus alten Fahrrad-schläuchen. 1600 kunterbunte Modelle im Herzen von Wiens hipster Modemeile. *Neubaugasse 26 | U 3 Neubaugasse*

GUYS & DOLLS (123 D2) (𝄪 K8)
Schicke, eher sportive Designermode für junge Leute, dazu Hüte, Kappen, Mützen, Handschuhe, Brillen usw. *Schultergasse 2 | Bus 2 A, 3 A Wipplingerstraße*

HENNY ABRAHAM (135 D2) (𝄪 K10)
Erlesene, mit viel Liebe aus aller Welt zusammengetragene Einzelstücke, vom Sari, Kimono, Kelim und Quilt bis zum Perlmuttbesteck und Reispapier. *Schleif-mühlgasse 13 | U 4 Kettenbrückengasse*

HUMANIC (128 C6) (𝄪 J9)
Europas größtes Schuhgeschäft führt von der Strandsandale über den schi-cken Sneaker, vom Highheel bis zum Budapester mehr als 100 000 Paare auf 3000 m² Fläche. *Mariahilfer Straße 37–39 | U 3 Neubaugasse*

LAMBERT HOFER
Hier können Sie Kostüme und elegante Abendgarderobe leihen. *Simmeringer Leitgebgasse 5 | Tel. 40 86 66 | Straßen-bahn 6, 18, 62 Matzleinsdorfer Platz* (134 C4) (𝄪 H12) | *Margaretenstraße 25 | U 4 Kettenbrückengasse* (135 D2) (𝄪 K10)

PARK (128 B6) (𝄪 H9)
Avantgardemode und 1980er-Jahre-Kult, ungewöhnliche Accessoires, internatio-nale Modejournale und exklusive Möbel auf zwei Stockwerken nahe der Maria-hilfer Straße. *Mondscheingasse 20 | U 3 Neubaugasse*

SCHELLA KANN (123 D4) (𝄪 L8)
Extravagant-moderne Couture für star-ke Frauen, funktionell, geradlinig, aus

luxuriösen Stoffen, mehrheitlich in kräf-tigen Farben. *Singerstraße 14 | U 1, U 3 Stephansplatz*

TRACHTEN TOSTMANN ★
(122 B2) (𝄪 K7)
Original-Trachtenlook für die ganze Fami-lie. Trachtenverleih. *Schottengasse 3 A | Straßenbahn D, 1, U 2 Schottentor*

SÜSSE SACHEN

ALTMANN & KÜHNE ★
(123 C3) (𝄪 K8)
Bonbons und Minikonfekt in entzücken-den Schächtelchen. *Graben 30 | Bus 2 A, 3 A, U 1, U 3 Stephansplatz*

DEMEL (122 C3) (𝄪 K8)
Feinste Bonbonnieren und Torten vom ehemaligen k. u. k. Hofzuckerbäcker. An-geschlossen ist ein **INSIDER TIPP** Marzi-panmuseum *(tgl. 11–18 Uhr). Kohlmarkt 14 | www.demel.at | Bus 2 A, U 3 Herren-gasse*

MANNER SHOP (123 D3) (𝄪 L8)
Die klassischen Nougatwaffeln in rosaro-ter Verpackung gibt es täglich frisch im Flagship Store. *Stephansplatz 7 | U 1, U 3 Stephansplatz*

SACHER (122–123 C–D5) (𝄪 K9)
Hier bekommen Sie die berühmte Scho-koladentorte zum Mitnehmen und zum Verschicken in alle Welt. *Kärntner Straße 38 | Straßenbahn D, 1, 2, U 1, U 2, U 4 Karlsplatz*

SCHOKOLADENWERKSTATT
(123 D4) (𝄪 L8)
Ein kleiner Tempel voller exquisiter, sünd-haft süßer Leckereien für alle Naschkat-zen und Schokoholics. *Ballgasse 4 | www. schokoladenwerkstatt.at | U 1, U 3 Ste-phansplatz*

AM ABEND

CITY WOHIN ZUERST?
Rund um Rudolfs- und Judenplatz (122 C–D2) (*K–L 7–8*) pulsiert bis in den frühen Morgen das pralle Leben. Weitere Ausgehviertel – die in Wien nicht nach Szenen ausdifferenziert sind: das Museumsquartier mit dem benachbarten Spittelberg, der Bereich des Naschmarkts – hier insbesondere das Freihausviertel entlang der Schleifmühlgasse – und das „Grätzl" um den Margaretenplatz. Viele Bars und Musiklokale liegen auch im Gürtel-Abschnitt zwischen Lerchenfelder- und Alserstraße sowie rund um die Florianigasse.

In Wien ist was los. Seit die Stadt nicht mehr im Schatten des Eisernen Vorhangs, sondern im Herzen des wieder vereinten Mitteleuropas liegt, steht ihre Kultur- und Veranstaltungsszene jener in Paris oder London kaum nach.
Die Aushängeschilder, denen Wien in aller Welt den Ruf einer Metropole der Hochkultur verdankt, sind natürlich die Staatsoper, der Musikverein und das Konzerthaus. Hier geben sich die Besten der Besten unter den Interpreten der E-Musik gleichsam die Türklinke in die Hand. Das Burgtheater hat seinen Rang als eine der führenden Bühnen im deutschen Sprachraum auch unter Direktor Matthias Hartmann bewahrt, der es seit 2009 leitet. Daneben aber bietet die Stadt, wie ein Blick in die wöchentlich erscheinende

Bild: Loos-Bar

Arien und Beislkabarett, Musicals oder Techno: Wiens Kulturszene bietet ein Spätprogramm für jeden Geschmack

Programmzeitung „Falter" oder in die Tageszeitungen beweist, eine Fülle anderer Veranstaltungen. Von der Boulevardkomödie bis zum Kabarett, vom Arienabend bis zum Heavy-Metal-Konzert, vom Musicalhit bis zum Experimentaltheater findet sich Abendunterhaltung für jeden Geschmack.

In den Hauptreisemonaten Juli und August sind allerdings viele Kulturtempel, allen voran die vier großen Bundesbühnen, geschlossen. Für Ausgleich sorgen Veranstaltungsreihen wie der „Klangbogen" oder das Musikfilmfestival vor dem Rathaus und unzählige Theater- und Operettenfestspiele, Konzerte und Lesungen, die in der Umgebung Wiens veranstaltet werden.

BARS & MUSIKLOKALE

ARENA (137 E3) (*P11*)
Altgediente Alternativbühne für alles von Oldie-Rock und Punk bis Reggae und Techno. *Baumgasse 80 | www.arena.co.at | Bus 80 A, U 3 Erdberg*

BARS & MUSIKLOKALE

INSIDER TIPP B 72 (128 A3) *(G7)*
Musiklokal ohne Küche, zuweilen Livemusik von Elektro bis Rock. *Tgl. 20–4 Uhr | Stadtbahnbogen 72 | www.b72.at | U 6 Alser Straße*

BLUE BOX (134 B1) *(H10)*
Clubmusik, Seventies, Ska und mehr. Täglich wechselndes DJ-Programm. Gute internationale und vegetarische Küche.

CAFE CONCERTO (128 A4) *(G8)*
Das Haus der Feste und das etwas andere gemütliche Wiener Café: Livemusik von Jazz und Folk bis zur Orient-Worldmusic und Lesungen werden hier auf insgesamt drei Etagen geboten. Mit Chill-out-Zone, Wintergarten und Partykeller. *Di–Sa ab 19, Keller ab 21 Uhr | Lerchenfelder Gürtel 53 | www.cafeconcerto.at | U 6 Thaliastraße*

Hier swingt das Saxophon: Wer traditionellen Jazz liebt, wird im Jazzland glücklich

Frühstück bis nachmittags. *Mo–Do 10–2, Fr und Sa 10–4 Uhr | Richtergasse 8 | www.bluebox.at | Bus 13 A, U 3 Neubaugasse*

THE BOX (123 F4) *(M 8–9)*
Exklusiv, mondän und schick: Im Souterrain des Hilton lädt die „Schachtel" mit kosmopolitischem Flair und Extraklasse-Sound Nachteulen zum Partying. *Do–Sa und vor Feiertagen ab 22 Uhr | Am Stadtpark 3 | Eingang Landstraßer Hauptstraße 2 | www.thebox-vienna.at | U 4 Landstraße/Wien Mitte*

INSIDER TIPP CHELSEA (128 A5) *(G 8)*
Rock, House, Brit- bis Indiepop – voll, laut, tolle DJs. *Mo–Sa 18–4 Uhr | Lerchenfelder Gürtel/ U-Bahn-Bögen 29–30 | www.chelsea.co.at | U 6 Thaliastraße*

DONAU (128 C6) *(J 9)*
Extrem hip und mit einem der längsten Tresen der Stadt. *Mo–Do 20–2, Fr, Sa 20–6, So 20–4 Uhr | Karl-Schweighofer-Gasse 10 | www.donautechno.com | Straßenbahn 49, Bus 2 A, U 2 Museumsquartier*

AM ABEND

FLEX ⭐ (129 E3) (*ⁿⁿ K6*)
Underground live im U-Bahn-Bunker für hartgesottene Liebhaber der Lärmfraktion – von Drum 'n' Bass über Noise und Jungle bis zu Hardcore. *Tgl. 20–4 Uhr | Donaukanalpromenade/Augartenbrücke | www.flex.at | U 2, U 4 Schottenring*

HALBESTADT (124 C6) (*ⁿⁿ H5*)
American Bar mit niedrigem Schickifaktor, feinste Longdrinks. *Mo–Do 19–2, Fr und Sa 19–4 Uhr | Stadtbahnbogen 155, vis-à-vis Währinger Gürtel 146 | www.halbestadt.at | U 6 Nußdorfer Straße*

JAZZLAND (123 D1) (*ⁿⁿ L8*)
Dixieland, Blues, Boogie, Swing: Das Jazzland ist die erste Adresse für Traditionalisten. *Mo–Sa 19–2 Uhr | Franz-Josefs-Kai 29 | www.jazzland.at | Straßenbahn 1, 2, U 1, U 4 Schwedenplatz*

LOOS-BAR (123 D4) (*ⁿⁿ K8*)
American Bar und Pilgerort für Ästheten – von Meister Adolf Loos höchstselbst gestaltet. *So–Mi 12–4, Do–Sa 12–5 Uhr | Kärntner Durchgang 10 | www.loosbar.at | U 1, U 3 Stephansplatz*

INSIDER TIPP ▶ PLANTER'S CLUB
(122 C1) (*ⁿⁿ K 7*)
Die aufwendig gestaltete Bar mit Kolonialzeitflair bietet eine riesige Auswahl an Getränken. Stärken Sie sich zuvor nebenan im *Livingstone* mit exotisch-kalifornischen Spezialitäten! *Club So–Mi 17–2, Do–Sa 17–4 Uhr, Livingstone tgl. 17–1.30 Uhr | Zelinkagasse 4 | www.plantersclub.com | Straßenbahn 1, U 2, U 4 Schottenring*

PORGY & BESS (123 E4) (*ⁿⁿ L8*)
Ambitioniertes Programm für Jazzfreunde, fast jeden Tag Live-Gigs. *Tgl. ab 19.30 Uhr | Riemergasse 11 | www.porgy.at | U 3 Stubentor*

SZENE WIEN (137 D6) (*ⁿⁿ O*)
Konzerte von experimentell bis rockig, meist mehr in der harten Abteilung: Punk, Rock, Techno oder Rave. *Hauffgasse 26 | www.szenewien.com | Straßenbahn 71 Hauffgasse*

MARCO POLO HIGHLIGHTS

⭐ **Flex**
Für Liebhaber von Underground-Musik: Dezibelstarker In-Treff in U-Bahn-Bunker → S. 83

⭐ **Passage**
Top-DJs und cooles Ambiente in einem der Top-Tanztempel der Stadt → S. 84

⭐ **Musikverein**
Die beste Akustik weltweit: klassische Tonkunst auf allerhöchstem Niveau → S. 87

⭐ **Theater an der Wien**
Spitzenoper, ganz intim → S. 88

⭐ **Burgtheater**
Theaterikone und Flaggschiff deutschsprachiger Bühnenkunst → S. 89

⭐ **Staatsoper**
Das musikalische Aushängeschild österreichischer Kultur → S. 87

⭐ **Theater in der Josefstadt**
Schauspielkunst für Bildungsbürger → S. 89

CLUBS & DISKOS

CLUBS & DISKOS

Einige Diskos veranstalten regelmäßig Clubbings und Raves. Termine im Stadtmagazin „Falter" und bei der *Jugend-Info | Tel. 17 99.*

CLUB ROXY (135 D2) (*K10*)
Eher plüschiges Etablissement für Leute ab Mitte 20. Latin, Funk, Soul, Jazz und Elektronik. *Fr, Sa 22–4 Uhr | Operngasse 24 | www.roxyclub.at | Straßenbahn 62, 65, U 1, U 2, U 4 Karlsplatz*

INSIDER TIPP FLORIDITA
(123 D4) (*L9*)
Kubanische Tanzbar als Brennpunkt der Latinoszene. Zu heißen Rhythmen gibt's jeden Abend Salsa-Tanzkurse. *Tgl. ab 19 Uhr | Johannesgasse 3 | www.floridita.at | U 1, U 4 Karlsplatz/Oper*

LADERAUM (123 F2) (*L–M 8*)
Der Bauch des dauerhaft an der Donaukanallände vertäuten Badeschiffs, auf dessen Oberdeck im Sommer ein Pool lockt, verwandelt sich abends in einen der angesagtesten Clubs der Stadt. DJs legen Disco bis Minimal auf, dazu Dancefloor, Minibühne für Liveacts und eine exzellent sortierte Bar. *Ganzjährig Mi–Sa ab 23 Uhr | Schwedenplatz | www.badeschiff.at | U 4 Schwedenplatz*

OST KLUB (135 E2) (*L10*)
Schräge, manchmal auch mainstreamige Klänge aus Mittel- und (Süd)Osteuropa ertönen in diesem Club. Angeschlossen ist die nette Kalorientankstelle Ost Bar. *Tgl. ab 19 Uhr | Schwarzenbergplatz 10 | www.ost-klub.at | U 1, U 2, U 4 Karlsplatz*

PASSAGE ★ (122 B5) (*K9*)
Einer der Top-Tanztempel. In der Babenberger Passage unter dem Burgring herrscht cooles Ambiente. Spitzen-DJs legen House, Dancefloor, R 'n' B und vieles mehr auf. *Di–Sa ab 20 bzw. 22 Uhr | www.sunshine.at | Straßenbahn 1 Babenbergerstraße, U 2 Museumsquartier*

SASS (123 D6) (*K9*)
Ultraschicker In-Treff mit großem Dancefloor, äußerst vielfältigem Musikprogramm, toller Soundanlage und ebensolcher Bar. *Mi–So ab 22 Uhr | Karlsplatz 1 | www.sassvienna.com | U 1, U 2, U 4 Karlsplatz*

VOLKSGARTEN DISCO UND PAVILLON (122 B4) (*J8*)
Gute Adresse fürs „Mittelalter" (25- bis 35-Jährige). Musik: viel Experimentelles, neueste Richtungen. Ambiente: Plüsch, Spiegel, Pflanzen, Nierentische. Im Sommer sonntags 18–23 Uhr INSIDER TIPP Gesellschaftstanz im zugehörigen Tanzcafé. *April–Sept. tgl. 11–2 Uhr, Clubbing Do–Sa 23–6 Uhr | Burggarten 1 | www.volksgarten.at | Straßenbahn D, 1, 46, 49, U 2, U 3 Volkstheater*

AM ABEND

KABARETT & KLEINBÜHNEN

EINFAHRT (129 F3) (*L7*)
Neben Drinks, Snacks und vielerlei Zeitungen gibt's an mehr als 200 Abenden im Jahr engagierte Kleinkunst – Livejazz, Lesungen, Kabarett, Diskussionen. *Mo–Fr 11–1, Sa 10–17 Uhr | Haidgasse 3/Karmelitermarkt | Tel. 9 42 68 86 | www.einfahrt. at | Straßenbahn 2, 21, U 2 Taborstraße*

KULISSE (138 C3) (*E7*)
Die Pionierbühne für alle Arten von engagierter Kleinkunst ist in einem alten Vorstadtgasthaus untergebracht. Während der Aufführungen werden Speisen und Getränke serviert. *Rosensteingasse 39 | Tel. 4 85 38 70 | www.kulisse.at | Straßenbahn 9, 44 Mayssengasse*

METROPOL (138 C3) (*F7*)
Ebenso wienerisch-leger wie die *Kulisse* und ebenso vielfältiges Programm bei mehr Gewicht auf Konzert und Musical. Zum Metropol gehören der kleine Saal Metropoldi und im Garten die Pawlat-schenbühne. *Hernalser Hauptstraße 55 | Tel. 4 07 77 40 | www.wiener-metropol.at | Straßenbahn 43 Rosensteingasse*

NIEDERMAIR (122 A3) (*J8*)
Verdienstvolle Kleinbühne, auf der viele Kabarettisten ihre ersten Erfolge feierten, aber auch Stars noch gern auftreten. *Lenaugasse 1A | Tel. 4 08 44 92 | www. niedermair.at | Straßenbahn U 2 Rathaus*

INSIDER TIPP **ORIGINAL WIENER STEGREIFBÜHNE** (138 C3) (*C8*)
Boulevardtheater aus dem Stegreif: So dümmlich das Handlungsgerüst ist, so unterhaltsam sind Witz und Spontaneität der Darsteller und die deftigen Reaktionen des Publikums. *Nur Mitte Juni–Sept. | Maroltingergasse 43 | Tel. 9 14 54 14 | www.tschauner.at | Bus 48 A, Straßenbahn 10, 46 Joachimsthalerplatz*

INSIDER TIPP **STADTSAAL** (134 B2) (*H10*)
Kabarettbühne für 360 Zuschauer. Hier treten Stars und Nachwuchstalente auf,

Megacooler Tanztempel Passage: Auf die Gäste im Schwarz-Weiß-Look fällt buntes Neonlicht

KINOS

auch internationale Gastspiele. (Fast) allabendlich Programm. *Mariahilfer Straße 81 | Tel. 9 09 22 44 | www.stadtsaal.com | U 3 Neubaugasse*

WUK (128 B2) (*H6*)
Selbstverwaltetes Werkstätten- und Kulturhaus mit Musik- und Tanzaufführungen, Konzerten, Lesungen und Ausstellungen. *Währinger Straße 59 | Tel. 4 01 21 10 | www.wuk.at | Straßenbahn 5, 33, 37, 38, 40–42, U 6 Volksoper*

KINOS

INSIDER TIPP ▶ BELLARIA (122 A4) (*J9*)
Nostalgie in Rot-Weiß-Rot aus der Zwischen- und Nachkriegszeit. *Museumstraße 3 | Tel. 5 23 75 91 | Bus 48 A, U 2 Volkstheater*

FILMMUSEUM (122 C4) (*K9*)
Das Mekka für Cineasten: Sie bekommen Zelluloidraritäten aus aller Welt zu sehen. *Sommerpause Juli/Aug. | Augustinerstraße 1 | Tel. 5 33 70 54 | www.filmmuseum.at | Straßenbahn D, 1, 2, U 1, U 2, U 4 Karlsplatz*

OPEN-AIR-KINOS
In der warmen Jahreszeit können Sie in zahlreichen stimmungsvollen Freiluftkinos Filme gucken (u. a. *www.arena.co.at | www.kinountersternen.at | www.schlosskino.at | www.kinowienochnie.at | www.volxkino.at*).

KONZERTE

KONZERTHAUS (123 E6) (*L9*)
In dem strahlend weißen Jugendstilbau sind in erster Linie die klassische Moderne – Mahler, Bartók, Strawinsky – sowie die zeitgenössische Musik zu Hause. Aber auch alle anderen Musikrichtungen von Barock und Renaissance bis zu Pop und Jazz werden hier regelmäßig gepflegt. Stammorchester dieses Hauses, das sich schon immer als „fortschrittlicher" Konkurrent zum konservativeren Musikverein

Nostalgisches Foyer im Bellaria: Nachmittags laufen hier Herz-Schmerz-Filme der Ufa-Zeit

AM ABEND

versteht, sind die Wiener Symphoniker. *Lothringer Straße 20 | Tel. 24 20 02 | www.konzerthaus.at | Straßenbahn D, 71, U 4 Stadtpark*

KURSALON (123 E5) (*M L9*)
Solide dargebrachte, beschwingte Melodien im Dreivierteltakt von Lanner, Strauß & Co. erklingen in diesem Vergnügungspavillon am Rand des Stadtparks. Gegen Ende jedes Konzerts können die Zuhörer selbst das Tanzbein schwingen – übrigens eine Seltenheit in der Walzerstadt Wien. *Johannesgasse 33 | Kartentel. 5 12 57 90 | www.kursalonwien.at | Straßenbahn 2, U 4 Stadtpark*

MUSIKVEREIN ⭐ ● (123 D6) (*M L9*)
Der 1867–69 im Auftrag der „Gesellschaft der Musikfreunde" vom Ringstraßenarchitekten Theophil von Hansen geschaffene Bau besitzt den Konzertsaal mit der wahrscheinlich besten Akustik der Welt. In dem prunkvollen „Goldenen Saal" gaben sich von Bruckner, Mahler und Strauß bis Karajan alle Großen der letzten 130 Jahre die Ehre. Bis heute tritt in diesem Hort klassischer Traditionspflege, der unter anderem den Wiener Philharmonikern als Heimstatt dient, die Crème de la Crème der internationalen Orchester, Dirigenten und Solisten auf. Vier kleinere, hypermoderne Konzertsäle im Kellergeschoss. *Bösendorferstraße 12 | Tel. 5 05 81 90 | www.musikverein.at | Straßenbahn D, 1, 2, 62, 65, U 1, U 2, U 4 Karlsplatz*

RADIO-KULTURHAUS (135 E2) (*M L10*)
Das innovative Kulturzentrum im Haus des ORF-Hörfunks. Fast täglich gibt es Konzerte aller Musikrichtungen, Lesungen, Diskussionen etc. im Großen Sendesaal. *Argentinierstraße 30 A | Tel. 50 10 10 und 50 17 03 77 | radiokulturhaus.orf.at | U 1 Taubstummengasse*

OPER, OPERETTE, MUSICAL

L.E.O. (134 A3) (*M M9*)
Verdi, Puccini und Co. in Minimalversion für zwei Solisten plus Piano und dem Publikum als Chor im „Letzten Erfreulichen Operntheater" – wienerische Kleinkunst mit allerhöchstem Charmefaktor! *Ungargasse 18 | Tel. 7 12 14 27 | www.theaterleo.at | U 4 Landstraße/Wien Mitte*

RAIMUNDTHEATER (134 A3) (*M G11*)
Jahrzehntelang wurden hier Operetten produziert. Heute werden Musicals wie „Die Schöne und das Biest", „Grease" oder „Das Phantom der Oper" aufgeführt. *Wallgasse 18–20 | Tel. 59 97 70 | Kartenbestellung Tel. 5 88 85 | www.musicalvienna.at | Straßenbahn 6, 18, U 6 Gumpendorfer Straße*

RONACHER (123 D4–5) (*M L9*)
Wunderschön renoviertes Varieté-Etablissement im Stil der Belle Époque. Seit der Wiedereröffnung vor einigen Jahren wird es für Musicals, Varieté und vor allem musikalische Gastspielproduktionen genutzt. *Seilerstätte 9 | Tel. 5 14 11 0 | Kartenbestellung Tel. 5 88 85 | www.musicalvienna.at | U 1, U 3 Stephansplatz*

STAATSOPER ⭐ ● (122 C5) (*M K9*)
Das „Haus am Ring" symbolisiert wie sonst höchstens noch der Musikverein Wiens Rang als Musikmetropole. Seit der Eröffnung 1869 standen hier so gut wie alle großen Opernsängerinnen und -sänger der Welt auf der Bühne und Dirigenten am Pult. Nach wie vor wird hier zehn Monate lang, vom 1. September bis 30. Juni, fast täglich ein anderes Werk gegeben. Hausorchester sind die Wiener Philharmoniker.

Die Spanne der Eintrittspreise geht von 8 Euro (Sitze mit eingeschränkter Sicht)

OPER, OPERETTE, MUSICAL

bis 240 Euro. Stehplätze kosten 3 Euro, dafür heißt es bei begehrten Aufführungen vor Kassenöffnung eventuell stundenlang Schlangestehen. Ratsam ist es, seine Wunschkarten im Voraus schriftlich beim Bundestheaterverband zu bestellen. Kurzfristig fündig werden Sie eventuell in den Kartenbüros, die häufig über Restkontingente verfügen. Im Notfall kennen auch die Portiers guter Hotels Mittel und Wege, das Unmögliche möglich zu machen.

Höchst erfolgreich ist der Zubau auf der Dachterrasse, der für die Aufführung von INSIDER TIPP ► Kinderopern dient! *Opern-*

LOW BUDGET

► Im Kulturviertel *Museumsquartier* **(122 A–B 4–5)** *(🗺 J9)* hat sich das weitläufige ● Innenhofareal zu einer Art Open-Air-Wohnzimmer entwickelt – viel frequentiert und bis spätnachts geöffnet. Im Sommer gibt's Bars, Sitzmöbel zum lustvollen Herumlümmeln, Modellautorennen, Schachtische, eine Riesensandkiste für Boccia (gratis!), kostenlose Lesungen und Konzerte, DJ-Sound, Kinderfeste, Kunstevents. Im Winter locken Iglus, Punschhütten und eine Eisbahn. *Museumsplatz 1 | Straßenbahn 49, Bus 2 A, 48 A, U 2, U 3 Volkstheater oder Museumsquartier | www.mqw.at/ sommer* bzw. *www.mqw.at/winter*

► Das *Volxkino* bietet als Open-Air-Wanderkino von Juni bis September an diversen Plätzen in Bezirken außerhalb der Innenstadt auf Großleinwänden kostenfrei cineastische Leckerbissen. *Tel. 2 19 85 45 80 | www.volxkino.at*

ring 2 | Tel. 5 14 44 0 | www.staatsoper.at | Straßenbahn D, 1, 2, 62, 65, Bus 59 A, U 1, U 2, U 4 Karlsplatz*

THEATER AN DER WIEN ★
(122 B6) *(🗺 K9)*
In diesem 1801 eröffneten Bühnenbau erklang zum ersten Mal Beethovens „Fidelio". Aber auch zahlreiche Sprechstücke von Kleist, Grillparzer, Raimund und Nestroy sowie Operetten von Strauß, Suppé, Millöcker, Zeller, Lehár, Kálmán und anderen wurden hier uraufgeführt. 1945–55 diente es der Staatsoper als Ausweichquartier, danach als Heimstatt für Musicalproduktionen und jeweils Ende Mai/Anfang Juni den Festwochen für Gastspiele. Seit einigen Jahren wird das Theater an der Wien wieder ganzjährig als Opernhaus bespielt. *Linke Wienzeile 6 | Tel. 5 88 85 | www.theater-wien.at | U 4 Kettenbrückengasse, U 1, U 2, U 4 Karlsplatz*

VOLKSOPER **(128 B1)** *(🗺 H5)*
Die „kleine" Schwester der Staatsoper ist zuständig für Spieloper, Singspiel und Operette, und dabei von beinah gleichwertiger Qualität. *Währinger Straße 78 | Tel. 5 14 44 0 | www.volksoper.at | Straßenbahn 40 bis 42, U 6 Währinger Straße/ Volksoper*

INSIDER TIPP ► WIENER KAMMEROPER
(123 E3) *(🗺 L8)*
Die Wiener Kammeroper ist bekannt für ihre frechen, unkonventionellen Inszenierungen mit – noch – wenig bekannten Sängern und Sängerinnen. Im Sommer zieht die Truppe regelmäßig nach Schloss Schönbrunn ins Schlosstheater. *Fleischmarkt 24 | Tel. 5 12 01 00 77 | Bus 2 A, U 4 Schwedenplatz | Schönbrunner Schlosstheater | Tel. 8 77 45 66 | www. wienerkammeroper.at | Straßenbahn 58, U 4 Schönbrunn*

AM ABEND

Theater auf höchstem Niveau: Im Burgtheater sind die Plätze sehr begehrt

THEATER

AKADEMIETHEATER (123 E6) (*L9*)
In dieser Dependance des Burgtheaters, die sich mit dem großen Bruder das Ensemble teilt, kommen vor allem Klassiker des 20. Jhs. und Zeitgenössisches zur Aufführung. *Lisztstraße 1 | Tel. 51 44 40 | www.burgtheater.at | Straßenbahn D, 71, U 4 Stadtpark*

BURGTHEATER ★ ● (122 B3) (*J8*)
Flaggschiff der deutschen Sprechkunst. Es erlebte in der Ära Claus Peymann (1989–99) dank Kontroversen zwischen dem Prinzipal, Teilen des Ensembles und der Presse sowie dem partiell sehr konservativen Publikum so manchen Sturm. Auch unter der Leitung von Matthias Hartmann ist das Burgtheater ein Garant für klassisches und zeitgenössisches Theater auf höchstem Niveau. Guter Buchladen im Foyer! *Dr.-Karl-Lueger-Ring 2 | Tel. 51 44 40 | www.burgtheater.at | Straßenbahn D, 1, U 3 Herrengasse*

THEATER IN DER JOSEFSTADT ★
(128 B4) (*H8*)
Dieser Hort des gepflegten Konversationsstücks und des Boulevardtheaters mit Ausflügen in Klassik und Zeitgenössisches zeigt zunehmend auch innovativere Stoffe und Inszenierungen. *Josefstädter Straße 26 | Tel. 42 70 03 00 | www.josefstadt.org | Straßenbahn 2 Theater in der Josefstadt*

VIENNA ENGLISH THEATRE
(128 C4) (*H8*)
Die kleine, aber feine Bühne bringt gehobene Boulevardstücke bis Classical Theatre. *Josefsgasse 12 | Tel. 40 21 26 00 | www.englishtheatre.at | U 2 Lerchenfelder Straße*

VOLKSTHEATER (128 C5) (*J9*)
Traditionsreiche Bühne mit großem Repertoire und Ensemble sowie gesellschaftskritischem Anspruch. *Neustiftgasse 1 | Tel. 52 11 10 | www.volkstheater.at | U 2, U 3 Volkstheater*

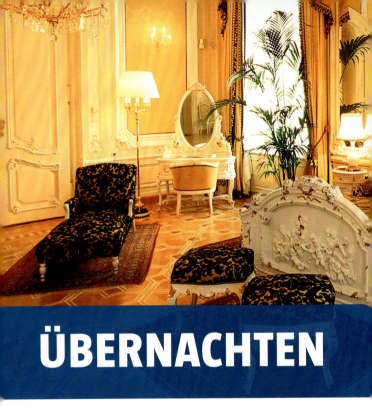

ÜBERNACHTEN

Mit mehr als zehn Millionen Übernachtungen pro Jahr zählt Wien zu den touristischen Topzielen in Europa. Ob elegantes Ringstraßenpalais aus der Gründerzeit, schlichtes Jugendgästehaus oder zur Luxusbleibe umgebauter Getreidespeicher an der Donau: Das Angebot ist für jeden Geschmack und Geldbeutel immens.

Für ein nettes Komfortdoppelzimmer in innerstädtischer Lage sind im Schnitt 100–150 Euro zu berappen. Wer deutlich billiger übernachten will, muss seine Ansprüche reduzieren. Unter 50 Euro gibt es außer in Jugendherbergen oder Hostels kaum Unterschlupf.

In Wien sind die Beherbergungsbetriebe wie in ganz Österreich in fünf Kategorien unterteilt – vom Fünf-Sterne-Haus der Luxusklasse bis zum bescheidenen Gasthof mit einem Stern. Eine Wiener Besonderheit sind die Pensionen, kleinere Betriebe mit individueller Note in Wohn- oder Bürohäusern, die sich ganz auf Zimmer und Frühstück konzentrieren und oft von den Inhabern persönlich geleitet werden. Preiswerte Unterkunft bieten im Sommer die sogenannten Saisonhotels, Studentenheime, die in den großen Ferien, vom 1. Juli bis 30. September, als Hotels geführt werden (Vermittlung: *Österreichische Hochschülerschaft | Tel. 3108 88 00*). Eine Alternative auch für den kürzeren Aufenthalt ist die Anmietung eines Apartments. Eine Liste sämtlicher Herbergen erhalten Sie gratis beim Wiener Tourismusverband. Die Preisangaben sind allerdings nicht immer hundertpro-

Bild: Suite im Hotel Imperial

Ob an den Hängen des Wienerwalds oder in stilvollem Gemäuer im Stadtkern – wir verraten, wo Sie am schönsten nächtigen

zentig verlässlich. Das gilt auch für die Preise, die Sie bei Wien-Tourismus unter *www.wien.info.de* abfragen können. Dort können Sie auch telefonisch buchen *(tgl. 9–19 Uhr | Tel. 2 45 55)*.

HOTELS €€€
CORDIAL THEATER HOTEL WIEN ⭐
(128 B–C4) (🗺 H8)
Plüschig-gutbürgerlich präsentiert sich dieses Vier-Sterne-Haus. Nicht billig, aber charmant und liebenswert. *54 Zi. | Josefstädter Straße 22 | Tel. 4 05 36 48 | www.cordial.at | Straßenbahn 2, Bus 13 A Lederergasse*

GRAND HOTEL BIEDERMEIER WIEN ⭐ *(130 B5) (🗺 M9)*
Wer den Charme Wiens im frühen 19. Jh. genießen will, liegt in den 203 Zimmern dieses stilvollen und komfortablen Vier-Sterne-Hotels goldrichtig. Der Gebäudekomplex umfasst eine stimmungsvolle Passage, Europas einzige, die aus dem Biedermeier erhalten blieb. *Landstra-*

90 | 91

HOTELS €€€

Designhotel Das Triest: Zimmer mit Liebe zum Detail

ßer Hauptstraße 28 | Tel. 71 67 10 | www.mercure.com | Bus 74, U 3 Rochusgasse

KÖNIG VON UNGARN (123 E3) (*ω L8*)
Ein Hotel wie ein privates Stadtpalais, nur eine Gehminute vom Stephansdom entfernt. Die Ausstattung ist unaufdringlich und gepflegt. Schönes Foyer samt Bar im glasüberdachten Innenhof. *33 Zi. | Schulerstraße 10 | Tel. 51 58 40 | www.kvu.at | Bus 2 A, U 1, U 3 Stephansplatz*

THE LEVANTE PARLIAMENT (122 A3) (*ω J8*)
Dieses Boutiquehotel besticht durch sein modernes, durch edle Hölzer, Natursteine und originelle Kunstobjekte aus Glas geprägtes Innendesign. Hervorragend sind die High-Tech-Ausstattung sowie der 24-Stunden-Service. Zusatzplus: die ungestörte Nachtruhe, da die meisten Zimmer auf den stillen Innenhof gehen. Dort können Sie auch tagsüber in einem 400 m² großen Garten wunderbar relaxen. *70 Zi. | Aerspergstraße 9 | Tel. 22 82 80 | www.thelevante.com | U 2 Rathaus*

OPERNRING (122 C5) (*ω K9*)
Das Haus mit seinen 35 großen Zimmern besitzt echten altwienerischen Charme. Sie wohnen in bester Lage schräg vis-à-vis der Oper. *Opernring 11 | Tel. 5 87 55 18 | www.opernring.at | Straßenbahn D, 1, 2, Bus 57 A, U 1, U 2, U 4 Karlsplatz*

RADISSON BLU STYLE HOTEL
(122 C3) (*ω K8*)
Italianità trifft Wiener Tradition in diesem extrem schicken Designerhotel. Jedes Zimmer ist individuell gestaltet mit Alabaster, Edelholz, Samt und Seide, High-Tech-Ausstattung vom Flat-Screen-TV bis zum kabellosen Breitbandinternet, Topservice und -komfort. Zugehörig: Weinbar und italienisches Gourmetrestaurant. *78 Zi. | Herrengasse 12 | Tel. 22 78 00 | www.radissonblu.com | U 3 Herrengasse*

RATHAUS WEIN & DESIGN
(128 C4) (*ω H8*)
Das Vier-Sterne-Haus ist maßgeschneidert für Weinliebhaber. Jedes der 33 Zimmer hat einen anderen Topwinzer zum Patron und einen Klimaschrank mit dessen Edeltropfen zum Verkosten. Dazu gibt's Weinlounge und Weinshop, höchsten Service und Komfort und ein schickes Design. Ein weiterer Pluspunkt ist die zentrale Lage im Altwiener Bezirk Josefstadt. *Lange Gasse 13 | Tel. 4 00 11 22 | www.hotel-rathaus-wien.at | Straßenbahn 2, Bus 13 A Ledererggasse/Josefstädter Straße, U 3 Lerchenfelder Straße*

ÜBERNACHTEN

REGINA (122 B1) (*∭ J7*)
Renommiertes Hotel der gehobenen Kategorie in Stadtpalais mit gediegen eingerichteten Zimmern. Ringstraßennähe. *164 Zi. | Rooseveltplatz 15 | Tel. 40 44 60 | www.kremslehnerhotels.at | Straßenbahn 37, 38, 40–44, U 2 Schottentor*

INSIDER TIPP ▶ **DAS TRIEST**
(135 D2) (*∭ K10*)
Aus den ehemaligen Pferdestallungen an der k. u. k. Postkutschenlinie hat der Londoner Designerstar Terence Conran mit viel Liebe zum Detail das Juwel eines zeitgemäßen Fünf-Sterne-Hotels geschaffen. *73 Zi. | Wiedner Hauptstraße 12 | Tel. 58 91 80 | www.dastriest.at | Straßenbahn 62, 65, U 1, U 2, U 4 Karlsplatz*

HOTEL WANDL ⭐ (123 D3) (*∭ K8*)
Das traditionsreiche, elegante Hotel, das sich seit 1854 in Familienbesitz befindet, besticht durch seine zentrale Lage: Graben und Stephansdom sind nur wenige Schritte entfernt. Autofahrer müssen, da ein eigener Hotelparkplatz fehlt, eine der Citygaragen benutzen. *138 Zi. | Petersplatz 9 | Tel. 53 45 50 | www.hotel-wandl.com | Bus 2 A, U 1, U 3 Stephansplatz*

HOTELS €€

HOTEL AM AUGARTEN
(130 B2) (*∭ M6*)
In unmittelbarer Nähe der beiden Grünoasen Augarten und Prater gelegen. Freundlich, hell und tadellos. *65 Zi. | Heinestraße 15 | Tel. 21 43 5 07 | www.austria-hotels.at | U 2 Taborstraße*

CAPRI (130 A3) (*∭ M7*)
Schmuckes, sehr persönlich geführtes Haus in modern-funktionellem Stil. Jedes Zimmer mit Sitzecke, mehrheitlich mit Balkon, teilweise zum sonnigen Innenhof. *70 Zi. | Praterstraße 44–46 | Tel. 21 48 4 04 | www.hotelcapri.at | U 1 Nestroyplatz*

MARCO POLO HIGHLIGHTS

⭐ **Cordial Theater Hotel Wien**
Plüschig-gutbürgerliches Vier-Sterne-Haus
→ S. 91

⭐ **Grand Hotel Biedermeier Wien**
Wohnen wie einst der Schubert-Franzl, aber mit mehr Komfort
→ S. 91

⭐ **Rathaus Wein & Design**
Schmuckes Designhotel für Weinliebhaber
→ S. 92

⭐ **Radisson Blu Style Hotel**
Sehr schickes Hotel, das Tradition und High-Tech paart → S. 92

⭐ **Hotel Wandl**
Elegant und familiär, traditionsreich und unschlagbar zentral
→ S. 93

⭐ **Pension Arenberg**
Gediegen-heimeliges Ringstraßenhaus in der Nähe des Donaukanals
→ S. 95

⭐ **Stadthalle**
Charmantes, kreativ gestaltetes Quartier für Ökobewusste
→ S. 97

⭐ **Strandhotel Alte Donau**
Freundliches und solides Haus mit eigenem Badestrand
→ S. 97

⭐ **Wombat's**
Engagiert geführtes Hostel in Bahnhofsnähe und am Naschmarkt
→ S. 99

HOTELS €€

FÜRSTENHOF (128 A6) (*ℳ G10*)
Ansprechendes Familienhotel, verkehrsgünstig gegenüber dem Westbahnhof gelegen. Bei E-Mail-Reservierung gibt es 10 Prozent Rabatt. *58 Zi. | Neubaugürtel 4 | Tel. 5 23 32 67 | www.hotel-fuerstenhof.com | Straßenbahn 6, 9, 18, U 3, U 6 Westbahnhof*

INSIDER TIPP ▶ HOLLMANN BELETAGE
(123 E3) (*ℳ L8*)
Erstaunlich erschwingliches Stiljuwel zum Wohlfühlen im Herzen der City. Minimalistisches, asiatisch inspiriertes Design mit viel Holz und Leder, hippe Möbel, Lobby mit Klavier, offenem Kamin und Büchern. Im zugehörigen Restaurant kocht Chef Robert Hollmann persönlich. *25 Zi. | Köllnerhofgasse 6 | Tel. 9 61 19 60 | www.hollmann-beletage.at | U 1, U 4 Schwedenplatz*

KÄRNTNERHOF (123 E3) (*ℳ L8*)
Mitten im historischen Stadtkern Wiens, nicht einmal drei Minuten vom „Steffl" entfernt, wohnen Sie hier in einem gemütlichen, alten Hotel ohne alle Schnörkel mit behaglicher Atmosphäre. *43 Zi. | Grashofgasse 4 | Tel. 5 12 19 23 | www.karntnerhof.com | U 1, U 3 Stephansplatz*

LUXUSHOTELS

Bristol (123 D5) (*ℳ K9*)
Fin-de-Siècle-Hotel mit viel Marmor und Gold, Samt und Seide – und betuchten Gästen aus Hoch- und Kulturaristokratie. Dazu die phantastische Lage gegenüber der Oper, am Beginn der Kärntner Straße. Im zugehörigen Restaurant *Korso* kocht ein preisgekrönter „Junger Wilder". *140 Zi. | ab 233 Euro | Kärntner Ring 1 | Tel. 51 51 60 | www.hotelbristol.at | Straßenbahn D, 1, 2, U 1, U 2, U 4 Karlsplatz*

Imperial (125 D5–6) (*ℳ L9*)
Hier steigen die offiziellen Gäste der Republik ab. Die Deckenmalereien in den Zimmern, die kostbaren Teppiche, die alten Gemälde, die feinen Stilmöbel und die marmorne Freitreppe machen das gut 100 Jahre alte ehemalige Stadtpalais zu einem bewohnten Prachtmuseum. *138 Zi. | ab 323 Euro | Kärntner Ring 16 | Tel. 50 11 00 | www.hotelimperialwien.at | Straßenbahn D, 1, 2, U 1, U 2, U 4 Karlsplatz*

Sacher (122 –123 C–D5) (*ℳ K9*)
Wie die gleichnamige Torte ist das 1876 eröffnete Hotel seit Kaisers Zeiten ein Wahrzeichen Wiens. Auf die elegant-komfortablen Zimmer und Suiten verteilt, beherbergt es auch nach der Generalrenovierung eine der schönsten privaten Kunstsammlungen der Stadt. *152 Zi. | ab 395 Euro | Philharmonikerstraße 4 | Tel. 5 14 56 | www.sacher.com | Straßenbahn D, 1, 2, U 1, U 2, U 4 Karlsplatz*

Sofitel Vienna Stephansdom ☼
(123 E–F2) (*ℳ M7*)
Das hypermoderne, von Stararchitekt Jean Nouvel designte Fünf-Sterne-Haus beeindruckt mit spektakulärer Lichtfassade und futuristischem High-Tech-Ambiente. Die Zimmer und das Gourmet-Dachrestaurant haben einen traumhaften Blick auf die Wiener City. *182 Zi. | ab 325 Euro | Praterstraße 1 | Tel. 90 61 60 | www.sofitel.com | Straßenbahn 1, 2, U 1, U 4 Schwedenplatz*

ÜBERNACHTEN

KUNSTHOF (130 B2) (*M6*)
Ein Komforthotel in spätklassizistischem Bau. Junge Künstler gestalten Lobby, Bibliothek und Stiegenhaus immer wieder neu. Die Zimmer sind zeitgemäß schnörkellos, hell und in farbenfrohem Design eingerichtet. Frühstück und Bar auch im grünen Innenhof. *49 Zi. | Mühlfeldgasse 13 | Tel. 2 14 31 78 | www.hotelkunsthof.at | U 1, Schnellbahn Wien Nord Praterstern*

PENSION ARENBERG ★
(123 F3) (*M8*)
Diese gediegene, heimelige Hotelpension mit 22 Zimmern ist verkehrsgünstig am Rand der Altstadt unweit des Donaukanals gelegen. *Stubenring 2 | Tel. 5 12 52 91 | www.arenberg.at | Straßenbahn 2, U 3 Stubentor*

INSIDER TIPP ▶ PENSION NOSSEK
(122 C3) (*K8*)
Gepflegte Familienpension mit wienerischem Charme, zwei Gehminuten vom Stephansdom entfernt in der Fußgängerzone gelegen. Nur Barzahlung! *31 Zi. | Graben 17 | Tel. 5 33 70 41 | www.pension-nossek.at | Bus 1 A, 2 A, 3 A, U 1, U 3 Stephansplatz*

PENSION SPIESS & SPIESS
(136 B1) (*N9*)
Erstklassige Vier-Sterne-Pension zu vergleichsweise moderaten Preisen, elegant-klares, modernes Design, große Zimmer, zur Hälfte mit Balkon, sehr persönlicher Service. *7 Zi. | Hainburgerstraße 19 | Tel. 714 85 05 | www.spiess-vienna.at | U 3 Rochusgasse*

POST (123 E3) (*L8*)
Traditionsreiches Haus, in dem schon Mozart, Wagner und Nietzsche schliefen. Rundum zu einem schmucken und sympathischen Drei-Sterne-Haus mo-

Wiener Charme: Frühstücksraum in der Pension Nossek

dernisiert. Absolut zentrale Lage. *104 Zi. | Fleischmarkt 24 | Tel. 5 15 83 0 | www.hotel-post-wien.at | U 1, U 4 Schwedenplatz*

ZUR WIENER STAATSOPER
(123 D5) (*L9*)
Gutbürgerliches Familienhotel mit angenehmer Atmosphäre und modernem Komfort. Die wichtigsten Sehenswürdigkeiten liegen praktisch vor der Haustür. *22 Zi. | Krugerstraße 11 | Tel. 5 13 12 74 | www.zurwienerstaatsoper.at | Straßenbahn D, 1, 2, U 1, U 2, U 4 Karlsplatz*

HOTELS €

AUSTRIA CLASSIC NORDBAHN
(130 B3) (*M7*)
Adrettes, preisgünstiges Drei-Sterne-Haus in Praternähe. Mit angeneh-

HOTELS €

mem Service und Sauna. *78 Zi. | Praterstraße 72 | Tel. 211300 | www.classic-hotelwien.at | U 1 Nestroyplatz*

INSIDER TIPP ▶ BENEDIKTUSHAUS (122 C2) (ᗌ K8)

Zentraler kann ein Hotel kaum gelegen sein als dieser Gästebetrieb des altehrwürdigen Schottenstifts. Und dank des Stifthofs wohl auch kaum ruhiger. Verstärkt wird die besinnliche Atmosphäre noch durch die zugehörige Hauskapelle. *21 Zi. | Freyung 6 A | Tel. 53 49 89 00 | www.benediktushaus.at | U 2 Schottentor, U 3 Herrengasse, U 4 Schottenring*

BETA ART (133 D4) (ᗌ E12)

Für preisbewusste Designfans: schnörkellose Ästhetik in schicken Rot-Weiß-Kontrasten, technisch avancierte Ausstattung und aufmerksam-professioneller Rundumservice. Alle Räume sind mit Arbeiten junger Maler und Bildhauer dekoriert. Treffpunkte: der originell designte Frühstücksraum und die Hotelbar. *43 Zi. | Sechshauser Straße 83 | Tel. 8 92 13 87 | beta-art-wien.hotel-rv.com | U 4 Schönbrunn, Bus 57 A Hollergasse*

INSIDER TIPP ▶ BOLTZMANN ARCOTEL (128 C2) (ᗌ J6)

Kleines, schickes Boutiquehotel im Gründerzeitviertel an der berühmten Strudlhofstiege. Persönliche Atmosphäre, sehr gutes Preis-Leistungs-Verhältnis. *70 Zi. | Boltzmanngasse 8 | Tel. 316120 | www.arcotel.at | Straßenbahn 37, 38, 40 bis 42 Sensengasse*

GABRIEL (136 C3) (ᗌ O11)

Mittelgroßes, liebenswürdiges Haus in ruhiger Lage. TV und Telefon im Zimmer, Parkplatz. *55 Zi. | Landstraßer Hauptstraße 165 | Tel. 712 32 05 | www.adler-hotels-wien.at | Bus 74 A, Straßenbahn 18, U 3 Schlachthausgasse*

GEBLERGASSE (128 A3) (ᗌ G7)

Ruhig gelegenes Haus in Gürtel- und U-Bahn-Nähe, Zimmer kürzlich renoviert, nette Lounge mit Getränkebar und Gratis-Internet-Terminals, Frühstücksbüfett um 5 Euro p. P. *96 Zi. | Geblergasse 21 | Tel. 4 06 33 66 | www.geblergasse.com | U 6 Alser Straße, Straßenbahn 44*

KAFFEEMÜHLE (128 A6) (ᗌ G9)

Nette, in der Nähe der Shoppingmeile Mariahilfer Straße gelegene Hotel-Pension. Alle 24 Zimmer haben Kabel-TV. Mit Parkplatz. *Kaiserstraße 45 | Tel. 5 23 86 88 | www.kaffeemuehle.at | U 6 Burggasse*

KUGEL (134 B1) (ᗌ H9)

Preiswert und sehr hübsch renoviert, liegt dieses Hotel nahe dem malerischen Biedermeierviertel auf dem Spittelberg. *34 Zi. | Siebensterngasse 43 | Tel. 5 23 33 55 | www.hotelkugel.at | Straßenbahn 49, Bus 2 A, 13 A Siebensterngasse*

PENSION CITY (123 D3) (ᗌ L8)

Diese ruhige Frühstückspension mit 19 stilvollen Zimmern ist im 2. Stock des Geburtshauses von Franz Grillparzer untergebracht, nur zwei Gehminuten vom Stephansdom entfernt. *Bauernmarkt 10 | Tel. 5 33 95 21 | www.citypension.at | Bus 2 A, 3 A, U 1, U 3 Stephansplatz*

PENSION NEUER MARKT (123 D4) (ᗌ K8)

Moderne und komfortable Pension in bester Lage, etwa auf halbem Weg zwischen Staatsoper und Stephansdom. *37 Zi. | Seilergasse 9 | Tel. 5 12 23 16 | www.hotelpension.at | Bus 3 A, U 1, U 3 Stephansplatz*

ROOMS (137 F4) (ᗌ Q12)

Funktionelle Schlichtheit und coole Farbgebung in Braun, Blau, Rosa und

ÜBERNACHTEN

Grün: Dieses von Flughafen und City gleichermaßen rasch erreichbare Budget-Designhotel in der Nähe des Praters verströmt jugendlichen Schick, ist komfortabel ausgestattet und engagiert geführt. Restaurant mit angeschlossener 24-Stunden-Bar im Haus sowie tgl. 6–22 Uhr geöffneter Fitnessraum. *152 Zi. | Paragonstraße 1 | Tel. 7 43 17 77 | www.roomz-vienna.com | U 3 Gasometer*

Ideal für Radfahrer: mit eigener Garage samt Werkstatt. *46 Zi. | Hackengasse 20 | Tel. 9 82 42 72 | www.hotelstadthalle.at | Straßenbahn 9, 49 Hackengasse, U 6 Burggasse/Stadthalle*

STRANDHOTEL ALTE DONAU
(139 E2) (*R3*)

Das freundliche Familienhotel liegt am Rand des Erholungsgebiets Alte Donau,

Ökoorientiertes Hotel Stadthalle: Zimmer mit Aussicht zum begrünten Innenhof

SHERMIN (135 D–E2) (*K10*)
Liebenswürdige, familiäre Hotelpension in ruhiger, sehr zentraler Lage, fast in Sichtweite von Karlskirche und Staatsoper. *11 Zi. | Rilkeplatz 7 | Tel. 58 66 18 30 | www.hotel-pension-shermin.at | U 4 Karlsplatz*

STADTHALLE ★ ☺ (133 E1) (*F10*)
Familiäres Hotel mit außergewöhnlicher Atmosphäre. Die Zimmer liegen überwiegend zum begrünten Innenhof und wurden zum Teil von Künstlern gestaltet. Auch auf Ökologie wird mit Solaranlage und Nutzwasserrecycling Wert gelegt.

nur wenige U-Bahn-Minuten vom Stadtzentrum entfernt. Eigener Badestrand mit Liegewiese. *33 Zi. | Wagramer Straße 51 | Tel. 2 04 40 40 | www.alte-donau.at | U 1 Alte Donau*

URANIA (130 B4) (*M7*)
Originelles, nett geführtes Zwei-Sterne-Haus. Jedes Zimmer ist im individuellen Design eingerichtet, von mittelalterlich bis maurisch, von japanisch bis bäuerlich oder barock. *32 Zi. | Obere Weissgerberstraße 7 | Tel. 7 13 17 11 | www.hotel-urania.at | Straßenbahn O Radetzkyplatz*

APARTMENTS

ZIPSER (128 B-C4) *(∅ H7)*
Charmanter Familienbetrieb gleich hinter dem Rathaus, hell und gemütlich. Biofrühstück, Garage. *47 Zi. | Lange Gasse 49 | Tel. 40 45 40 | www.zipser.at | Straßenbahn 43, 44 Spitalgasse, Straßenbahn 2 Strozzigasse*

APARTMENTS

FLEGER (138 C3) *(∅ D7)*
Die zehn behaglichen Wohneinheiten auf Vier-Sterne-Niveau sind 40 bis 60 m² groß und liegen im Herzen der urwienerischen Vorstadt Ottakring. Ab 74 Euro für zwei Personen pro Tag. Auch Langzeitrabatt. *Seitenberggasse 19 | Tel. 4 86 51 62 | www.fleger.at | Straßenbahn 2 Johann-Krawarik-Gasse, Straßenbahn 44 Römergasse*

SACHER (123 D3) *(∅ L8)*
Zentraler geht`s nicht, und preiswerter in dieser Lage auch kaum. Gemütliche, komfortable Ein- oder Zwei-Zimmer-Apartments im 7. Stock eines Neubaus, direkt vis-á-vis vom Stephansdom, für 2 Pers. ab 82 Euro pro Tag, Zusatzbett 20 Euro. *Rotenturmstraße 1 | Tel. 5 33 32 38 | www.sacher-apartments.at | U 1, U 3 Stephansplatz*

LOW BUDG€T

▶ Private, teilweise sehr preiswerte Wohnmöglichkeiten vermittelt die Mitwohnzentrale *Odyssee* **(128 B6)** *(∅ G9)*. Nette DZ auch nur für wenige Tage ab 52 Euro pro Nacht. Suchanfragen online, telefonisch oder vor Ort im Büro. *Mo–Fr 10–14 und 15–18 Uhr | Westbahnstraße 19 | Tel. 4 02 60 61 | www.odyssee-mwz.at | Straßenbahn 5 Kaiserstraße/Westbahnstraße, U 3 Zieglergasse*

▶ Junge Leute auf der Suche nach einer billigen Unterkunft haben gute Chancen, bei der *Studenten Wohnenbörse* fündig zu werden. *Mo–Do 9–17, Fr 9–12 Uhr | Tel. 5 45 24 25 | www.wohnenboerse.at*

▶ Online-Plattformen zum Mitwohnen auf privater Basis bzw. günstige Apartments und Hotels finden Sie unter: *www.mitwohnzentrale.org/Oesterreich; www.wg-gesucht.de; www.urlauburlaub.at; www.urlaubanbieter.com; www.wienprivat.com* (Homepage Wiener Privatvermieter).

HOSTELS, SAISONHOTELS & JUGENDHERBERGEN

Der Aufenthalt in Jugendherbergen ist auf drei Nächte beschränkt. Ohne Herbergsausweis müssen Sie pro Tag 3,50 Euro mehr bezahlen.

ALL YOU NEED

Zwei moderne, nett gestylte Drei-Sterne-Quartiere, offen vom 1. Juli bis 30. September. Komfortausstattung, reichhaltiges Frühstücksbuffet, Fahrradstellplatz mit Werkzeug. Ab 29 Euro pro Person im Doppelzimmer. *122 Zi. | Große Schiffgasse 12 (129 F3) (∅ L 7) | U 2, U 4 Schottenring; und 99 Zi. | Schäffergasse 2 (135 D2) (∅ K 10) | U 4 Kettenbrückengasse | beide Tel. 5 12 74 93 | www.allyouneedhotels.at*

DO STEP INN (133 E2) *(∅ F10)*
Diese sehr sympathische und noch junge Adresse ganz in der Nähe des komplett runderneuerten Westbahnhofs bietet insgesamt 30 nette Hostel- und Hotelzimmer (Erstere mit Dusche und WC am

ÜBERNACHTEN

Wombat's: engagiert geführtes, modernes Hostel mit vielen Extras

Gang) zu unschlagbaren Preisen (DZ ab 44 Euro!). Viele Extras: ruhiger Innenhof, Selbstkochen möglich, Wäscheservice, Fahrradverleih, Sauna, Gratis-Internet in der Lobby. *Felberstraße 20 | Tel. 9 82 33 14 | www.dostepinn.at | U 3, U 6 Westbahnhof*

JUGENDGÄSTEHAUS HÜTTELDORF-HACKING (138 C3) (*O*)
Grünlage im Wiental, nahe dem Lainzer Tiergarten. Ganzjährig geöffnet. 307 Betten in Ein- bis Acht-Bett-Zimmern. Ab 13 Euro inklusive Frühstück. *Schlossberggasse 8 | Tel. 8 77 15 01 | www.hostel.at | Bus 53 B, U 4 Hütteldorf*

JUGENDHERBERGE WIEN-MYRTHEN-GASSE (128 B5) (*H9*)
Freundlich, modern, tadellos in Schuss. Ganzjährig geöffnet. 280 Betten in Zwei- bis Sechs-Bett-Zimmern, 16,50 Euro inklusive Frühstück. *Myrthengasse 7/ Neustiftgasse 85 | Tel. 52 36 31 60 | www.oejhv.or.at | Bus 48 A Neubaugasse/Neustiftgasse*

MEININGER (135 E5) (*O*)
Freundliche, helle Ein-, Zwei- und Mehrbettzimmer sowie teils gemischte, teils für Frauen reservierte Schlafsäle, alle mit Dusche, WC, Telefon und TV. Internetterminals und Parkplätze gegen geringe Gebühr. Schlafsaal ab 12 Euro, Mehrbettzimmer ab 18 Euro, DZ pro Person ab 25 Euro. 68 Zi. | *Columbusgasse 16 | Tel. 720 88 14 53 | www.meininger-hotels.com | U1 Keplerplatz*

PORZELLANEUM (129 D2) (*J6*)
Jeden Sommer, von Anfang Juli bis Ende September, verwandelt sich dieses Studentenheim in ein sympathisches Touristenquartier. TV- und Aufenthaltsraum, begrünter Innenhof, Waschmaschine, Internet gegen Gebühr. Einzel-, Doppel- bzw. Mehrbettzimmer 30, 56 bzw. 100 Euro. 51 Zi. | *Porzellangasse 30 | Tel. 3 17 72 82 | www.porzellaneum.sth.ac.at | Straßenbahn D Seegasse*

WOMBAT'S ⭐ (133 E2) (*F10*)
Das engagiert geführte, sehr saubere Hostel liegt in der Nähe des Westbahnhofs und ist ganzjährig rund um die Uhr geöffnet. Bar mit Terrassen, Billardtisch, Laundrette etc. 260 Betten in Zwei- bis Sechs-Bett-Zimmern mit Dusche, WC, Schließfach. 10 bis 29 Euro pro Person, Frühstück 3,50 Euro. Dependancen in der Mariahilfer Straße und am Naschmarkt. *Grangasse 6 | Tel. 8 97 23 36 | www.wombats.at | Straßenbahn 52, 58 Kranzgasse, U 3, U 6 Westbahnhof*

STADTSPAZIERGÄNGE

Die Touren sind im Cityatlas, in der Faltkarte und auf dem hinteren Umschlag grün markiert

1 ZEITREISE INS MITTELALTER: DURCH DAS HISTORISCHE HERZ

Sie spazieren vom Stephansdom durch malerisch verwinkelte Gässchen und Höfe, vorbei an den ältesten Kirchen und römischen Fundamenten bis ins ehemalige Judenviertel und von dort durch die Hofburg auf den Heldenplatz. Wer die wichtigsten Sehenswürdigkeiten auch von innen besichtigen und vielleicht noch eine Kaffeepause einlegen will, sollte für diese Tour einen halben Tag veranschlagen.

Beginnen Sie beim geheiligten Mittelpunkt und wohl bekanntesten Wahrzeichen Wiens – dem **Stephansdom** → S. 45. Nachdem Sie dieses filigrane Wunderwerk aus Sandstein außen und innen gebührend bewundert und vielleicht auch den Turm bestiegen haben, gelangen Sie von seiner südöstlichen Ecke mit wenigen Schritten zur Singerstraße. Hier, in der Hausnummer 7, sollten Kunstbeflissene der **Schatzkammer des Deutschen Ordens** (Di, Do und Sa 10–12, Mi, Fr 15–17 Uhr | Eintritt 4 Euro) mit ihren Messgeräten, Prunkgefäßen und Waffen einen Besuch abstatten.

Gleich an der nächsten Ecke zweigen Sie nach links in die **Blutgasse** ab – ein mustergültig saniertes Viertel mit Kopfsteinpflasterung, uralten Gebäuden und manch verträumtem Innenhof. Am Ende der Gasse erhebt sich das **Mozarthaus** → S. 39. Weiter führt der Weg durch schmale Quergässchen über die Schulerstraße und die Wollzeile in die

Bild: Jesuitenkirche

Kaiser, Kirchen, Kaffeehäuser: durchs ehemalige Judenviertel, in die klassischen Wiener Cafés und auf die Hausberge

von renommierten Szenelokalen wie etwa dem *Café Alt Wien* oder dem Prominentenbeisl *Oswald & Kalb* gesäumte und deshalb stets belebte **Bäckerstraße**. Auf dieser ostwärts gelangen Sie zum **Dr.-Ignaz-Seipel-Platz**, einem der eindrucksvollsten Plätze der Stadt. `INSIDERTIPP` Allabendlich wird er wunderschön illuminiert. Die frühbarocke, doppeltürmige Fassade an seiner Nordseite gehört zur **Jesuitenkirche** → S. 36. Hinter ihr zur Linken, in der Aula der Alten Universität, ist Österreichs **Akademie der Wissenschaften** zu Hause. Nun ein Stückchen durch die Sonnenfelsgasse, dann nach rechts, und Sie befinden sich in der auffallend krummen **Schönlaterngasse**. Am Haus Nr. 7 erinnert ein seltsames Wesen aus Stein an die bekannte Sage vom Basilisken, der Anfang des 13. Jhs. im Brunnen des Hinterhofs gehaust und die Menschen in Angst und Schrecken versetzt haben soll. Gleich daneben führt ein Durchgang in den **Heiligenkreuzer Hof** → S. 34. Verlassen Sie ihn durch das Tor vis-à-vis, und wenden

100 | 101

Schnörkellos-elegant mit Marmorfassade: das Looshaus

Sie sich dann zweimal nach rechts. Folgen Sie als Nächstes dem Fleischmarkt in westlicher Richtung, so gelangen Sie jenseits der Rotenturmstraße in das sogenannte **Bermudadreieck**, ein quirliges Bar- und Beislviertel. Als ruhige Oase steht in seiner Mitte eines der ältesten Gotteshäuser der Stadt: die romanische **Ruprechtskirche → S. 43**.

Durch die Judengasse, mit ihren zahlreichen Boutiquen ein kleines Mekka für Modenarren, kommen Sie jetzt auf den **Hohen Markt → S. 35**. Nach einem Abstecher durch die Salvatorgasse zur **Kirche Maria am Gestade → S. 39**, einem viel zu wenig beachteten Juwel aus der Gotik, geht es vorbei an zwei herrlichen Barockbauten – der ehemaligen **Böhmischen Hofkanzlei** und dem **Alten Rathaus** – über den Judenplatz mit dem neuen Holocaust-Mahnmal durch die Drahtgasse auf den sogenannten **Hof → S. 32**, einen erstaunlich weitläufigen und sehr geschichtsträchtigen Platz.

Schlendern Sie nun, die Naglergasse und Wallnerstraße querend, zum **Michaelerplatz**. In seiner Mitte haben Archäologen kürzlich die Reste eines römischen Hauses freigelegt. An seiner Nordseite erhebt sich das **Looshaus**, mit dessen ornamentloser Fassade Adolf Loos kurz vor dem Ersten Weltkrieg einen anfangs heftig kritisierten Meilenstein der modernen Architektur schuf. Vor etlichen Jahren schon hat eine örtliche Bank diesen Symbolbau einer ganzen Epoche bis ins Detail originalgetreu renovieren lassen. Seither begeistern die Fassade aus Marmor und das holzgetäfelte Foyer durch ihre schlichte Eleganz den Betrachter noch mehr.

Wen an dieser Stelle nach einem kleinen Shoppingbummel gelüstet, dem sei der angrenzende **Kohlmarkt** als die wohl eleganteste Konsummeile Wiens ans Herz gelegt. Der eigentliche Weg aber bringt Sie in die Gegenrichtung, zur **Hofburg → S. 34**, und zwar zunächst durch das von einer mächtigen grünspanigen Kuppel überwölbte Michaelertor in den Inneren Burghof. Rechter Hand, im sogenannten Reichskanzleitrakt, befindet sich der Eingang in die **Kaiserappartements → S. 36**, die Arbeitsräume und Privatgemächer Kaiser Franz Josephs und seiner Gattin Elisabeth, der hier ein eigenes **Sisi-Museum → S. 36** gewidmet ist. Derselbe Aufgang führt in die ebenfalls sehr sehenswerte Silberkammer.

Gehen Sie von der Südostecke des Hofes durch die Ladenpassage, so stehen Sie wenig später auf dem **Heldenplatz → S. 34**. Auf dieser gewaltigen Freifläche umfängt einen die ganze feudale Pracht

STADTSPAZIERGÄNGE

des einstigen habsburgischen Riesenreiches. Vor Ihnen liegt die Silhouette einiger der berühmtesten Ringstraßenbauten: Im Nordwesten sehen Sie das **Parlament → S. 42**, dahinter das **Rathaus → S. 41**, gleich links vom Parlamentsgebäude den **Justizpalast** sowie im Südwesten, hinter dem festungsartigen Äußeren Burgtor, das ursprünglich als Denkmal für die Völkerschlacht von Leipzig errichtet wurde, das **Naturhistorische → S. 40** und das **Kunsthistorische Museum → S. 37**. Im Rücken haben Sie den Leopoldinischen Trakt, in dem heute Österreichs Bundespräsident residiert. Das mächtige Halbrund im Osten schließlich ist die **Neue Hofburg**. Sie birgt mehrere hochinteressante Museen – jenes für Völkerkunde, das Ephesosmuseum sowie Sammlungen für Waffen und alte Musikinstrumente. Im linken Flügel der Neuen Hofburg ist das **Kongresszentrum** untergebracht – ein Konferenzort, wie ihn so exquisit wohl kaum eine zweite Stadt bieten kann. Ausgestattet mit üppigstem Stuckdekor und modernster Kommunikationstechnik, festigen diese Räumlichkeiten Wiens Ruf als Metropole der internationalen Diplomatie.

KAFFEEHAUSTOUR RUND UM OPER UND HOFBURG

Dieser koffeinhaltige Bummel führt zu ● Wiener Kaffeehäusern, in denen teilweise europäische Geistesgeschichte geschrieben wurde. Ein Augenschmaus sind die Gegend um den Naschmarkt und die Prachtbauten der westlichen Altstadt. Je nachdem, wie oft Sie unterwegs einkehren, dauert der Spaziergang zwischen zwei und fünf Stunden.

Kann man sich einen stimmungsvolleren Start vorstellen als eine Melange (Milchkaffee) „mit Schlag" (Sahne) an einem Marmortischchen im **Sperl → S. 67** in der Gumpendorfer Straße (Nr. 11)? Wenn Sie in jenem berühmten und viel gefilmten Café unter Kronleuchtern auf einer plüschigen Logenbank genügend Gemütlichkeit getankt haben, schlendern Sie durch die Lehárgasse, vorbei am traditionsreichen Theater an der Wien hinunter zum **Naschmarkt → S. 78**. In diesem „Bauch von Wien" gilt es zwischen Obst- und Gemüsepyramiden, Wurst- und Käsetürmen und neuerdings auch Sushi- und Kebablokalen eine regelrechte Wallfahrt der Sinne zu absolvieren.

Danach queren Sie zu Füßen der **Secession → S. 44** mit ihrer Jugendstilhaube aus vergoldeten Blättern den westlichen Zipfel des Karlsplatzes. An der Ecke Operngasse/Karlsplatz lockt das ursprünglich von niemand Geringerem als Adolf Loos gestaltete **Café Museum** *(tgl. | Operngasse 7)* das vor kurzem, nach dessen Originalplänen adaptiert, wieder eröffnete, zur Rast. Wenn es noch zu früh für eine erneute Einkehr ist, sollten Sie zumindest kurz reinschauen. Es folgt ein Blick nach rechts auf die Barockkuppel der **Karlskirche → S. 52**, dann wandert man entlang dem äußeren Abschnitt der Kärntner Straße über den Ring zur **Staatsoper → S. 44, 87**. An ihrer Ostseite, unmittelbar neben dem toll sortierten Musikshop Arcadia, lädt das gemütliche, noch junge **Café Oper Wien** *(tgl.)* zur musikalisch inspirierten Rast. Gleich zwei überaus renommierte Traditionscafés locken an der Hinterseite des Musentempels: das **Sacher** im Erdgeschoss des gleichnamigen Luxushotels *(tgl. | Philharmonikerstraße 4)*, wo Sie wohl nicht umhinkommen, eine Schnitte der legendären Schokotorte zu verkosten, und, um die Ecke, das kaum minder vornehme **Café Mozart** *(tgl. | Albertinaplatz 2)*. An der **Albertina → S. 29** und Alfred Hrdlickas **Mahnmal gegen Krieg und Faschismus**

→ S. 38 vorbei, passieren Sie das Palais Lobkowitz und das Auktionshaus **Dorotheum → S. 75**.

Das **Bräunerhof** *(tgl. | Stallburggasse 2)*, einst Stammcafé des literarischen Obernörglers Thomas Bernhard, ist nächste Station. Um die Ecke, schräg vis-à-vis vom **Jüdischen Museum → S. 36,** landen Sie in einem Brennpunkt des geistigen Aufbegehrens der 1950er- und 1960er-Jahre: dem Künstlercafé **Hawelka** *(Mi–Mo | Dorotheergasse 6)*. Eine Buchtel vielleicht – ein heißes, mit Konfitüre gefülltes Hefegebäck – mit Vanillesauce, kredenzt vom Seniorchef, der seinen 100. Geburtstag 2011 gefeiert hat? Solcherart gestärkt, folgt ein abrupter Milieuwechsel – vom Exrefugium der Wiener Boheme ins ungleich noblere **Café Demel** *(tgl. | Kohlmarkt 12)*. Weiß beschürzte Bedienungen verführen dort Gäste vor mit süßen Mehlspeisen gefüllten Vitrinen zu Kaloriensünden. Nur wenige Schritte sind's von da durch das Spalier an neuen Luxusboutiquen ins **Griensteidl** *(tgl. | Michaelerplatz 2)*. Hier kreuzten zu Beginn des 20. Jhs. Wortakrobaten vom Schlage eines Karl Kraus und Egon Erwin Kisch die Federn, feilten Hugo von Hofmannsthal, Franz Werfel und Joseph Roth an Formulierungen. Auch unter den hohen Gewölben des **Café Central → S. 65,** fünf Gehminuten entfernt in der Herrengasse 14, wurde um 1900 die Zukunft der Weltliteratur und -politik maßgeblich mitbestimmt. Heute begeistert die im **Palais Ferstel → S. 42** einkehrenden Touristen wohl mehr das prächtige Ambiente.

3 KAHLENBERG UND LEOPOLDSBERG

Die beiden ☼ Hausberge der Wiener lassen sich problemlos erreichen – mit dem Bus 38 A von der U-Bahn-Station Heiligenstadt (U 4, U 6); dieselbe Strecke über Grinzing benutzt auch, wer mit dem Auto vom Stadtzentrum kommt. Für Wanderer führt der schönste Weg von Grinzing in etwa zwei Stunden auf den Kahlen- und weiter auf den **Leopoldsberg (138–139 C–D2)** *(🗺 O)*.

Dieser Ausflug lohnt des phantastischen Panoramas wegen. Von beiden „Gipfeln" blickt man auf Wien und über das ganze Wiener Becken bis hin zum Leithagebirge und zu den slowakischen Karpaten. Wer den Bus genommen hat, steigt 20 Minuten später unten im Tal einfach an der Endstation aus. Wer jedoch Wiens Hausberge auf Schusters Rappen erklimmen will, fährt mit der Straßenbahn 38 bis zu deren Endstelle (oder im Bus 38 A bis zur Haltestelle Grinzing/Sandgasse). Ab da geht's nordwärts über den Grinzinger Steig bis zum Heiligenstädter Friedhof, von dort links, entlang dem Schreiberbach, auf der Wildgrubgasse durch das Mukental. Nach ungefähr 1 km zweigt

STADTSPAZIERGÄNGE

man schließlich rechts ab und steigt eine lange Treppe hoch, von deren Ende mehrere Wegweiser sicher durch den Wald bis auf den **Kahlenberg** geleiten. Dieser stolze, 484 m hohe Waldhügel hieß übrigens bis ins späte 18. Jh. der vielen Wildschweine wegen, die sich dort tummelten, Sauberg. Damals trug noch die 60 m niedrigere Nachbarkuppe den Namen Kahlenberg. Als man dort jedoch 1683 zu Ehren des amtierenden Kaisers Leopold I. eine ihm geweihte Kirche baute, verlieh man auch dem Boden, auf dem diese stand, den erlauchten Kaisernamen. Der Sauberg wurde in Kahlenberg umgetauft. Zur Einkehr bei leckeren Mehlspeisen und Biokaffee – mit wunderbarem Blick auf Wien – lädt auf dem Kahlenberg der mit drei Terrassen, Wintergarten und Liegestühlen bestückte Intreff **INSIDER TIPP** *CoffeeToGo* (tgl. 7–17 Uhr | Tel. 06 64 2 13 20 91).

Auf dem **Leopoldsberg**, den Sie vom Kahlenberg über einen bequemen Fußweg in weniger als einer halben Stunde erreicht, steht inmitten der Ruinen einer Babenberger Festung aus dem 13. Jh. die kleine **Leopoldskirche** mit ihrer Doppelturmfassade. Im Anschluss empfiehlt sich die Bus- oder Autofahrt über die Höhenstraße, eine in den 1930er-Jahren zwecks Arbeitsbeschaffung errichtete Aussichtsstraße durch den Wienerwald. Von ihr führen Zufahrtswege in die Heurigenbezirke Sievering, Neustift, Pötzleinsdorf und Salmannsdorf. Nicht versäumen: ein Stopp beim ❀ ● **Lebensbaumkreis Am Himmel,** einem einzigartigen, als Klangraum gestalteten Naturdenkmal *(www. himmel.at)*, bei dem Sie an Wochenenden nachmittags, mit einmaligem Blick über Wien, gratis klassischer oder jazziger Musik aus 40 Lautsprechern auf der Himmelswiese lauschen können. Fahren Sie im Bus 38 A bis zur Haltestelle Cobenzl und laufen ca. 10 Minuten entlang der Höhenstraße Richtung Sievering bis zur Ecke Himmelstraße/Höhenstraße.

Abendstimmung am Kahlenberg: Der lange Aufstieg wird beim Heurigen belohnt

104 | 105

MIT KINDERN UNTERWEGS

DSCHUNGEL WIEN
(122 A–B 4–5) (J9)
Gleich neben dem Zoom Kindermuseum bietet das „Theaterhaus für junges Publikum" Schauspiel, Tanz, Pantomime, Figuren- und Objekttheater schwerpunktmäßig für Kinder ab 4 und Jugendliche. *Museumsplatz 1 | Tel. 5 22 07 20 | www.dschungelwien.at | Bus 2 A, U 2 Museumsquartier*

FIGURENTHEATER LILARUM
(131 D2) (N9)
Hand- und Stabpuppenspiele entführen Kinder von 3 bis 8 Jahren ins Reich der Phantasie. Hier können sie mit Wolkenschafen und Pflanzenbeschwörern Bekanntschaft schließen. *Göllnergasse 8 | Tel. 7 10 26 66 | www.lilarum.at | Bus 77 A, U 3 Kardinal Nagl-Platz*

HAUS DES MEERES (134 C2) (H10)
Eintauchen in die Welt der Ozeane: In einem ehemaligen Flakturm im Esterházypark leben heimische und tropische Süß- und Seewasserbewohner, aber auch Gift- und Riesenschlangen, Echsen und Krokodile. Kinder können der Fütterung von Haien und Piranhas zusehen, Schildkröten streicheln und farbenprächtige Fische und Korallen bewundern. Im Tropenhaus schwirren exotisch-bunte Vögel durch die Luft und hüpfen einem herumlaufende Äffchen auf die Schulter. *Tgl. 9–18, Do bis 21 Uhr | Kinder 6–15 J. 5,90, Kleinkinder 4 Euro, Erwachsene 12,90 Euro | Fritz-Grünbaum-Platz 1 | www.haus-des-meeres.at | U 3 Neubaugasse, Bus 13 A, 14 A Haus des Meeres*

KINDER- UND JUGENDKINO
(133 D6) (K9)
Cinemagic ist ein Programmkino eigens für junge Filmfans ab drei Jahren. Gezeigt wird alles vom Zeichentrickspaß bis zu preisgekrönten Kinder- und Jugendproduktionen. Highlight ist alljährlich das Internationale Kinderfilmfestival Mitte November. *Friedrichstraße 4 | Tel. 4 00 08 34 00 | Straßenbahn 1, 2, D, 62, 65, Bus 59 A, U 1, U 2, U 4 Karlsplatz*

INSIDER TIPP MINOPOLIS
(127 E6) (P5)
Europas erste und einzige dauerhafte Großstadt im Kinderformat. Auf 6000 m² lernen 4- bis 12-Jährige in über 25 detailgetreu gestalteten Themenstationen aktiv, spielerisch und von 80 geschulten Coaches betreut, den Umgang mit Geld und über 100 verschiedene Berufe kennen. *Juli/Aug. Mi–Sa 13–19, Sept.–Juni*

Wolkenschafe und Kaiserkinder: Wien hält auch für den Nachwuchs ein riesiges Freizeit- und Kulturangebot bereit

Fr–So 13–19 Uhr | Kinder 15 Euro, Eltern 6 Euro | Wagramer Straße 2 | Cineplexx Reichsbrücke | Tel. 08 10 97 02 70 | www.minopolis.at | U 1 Donauinsel

SCHÖNBRUNN FÜR KIDS
(132 A–C 4–6) *(D12)*

6- bis 12-Jährige können im Rahmen von Kinderführungen die Prachträume kennenlernen *(Sa, So 14.30 Uhr | Kinder 5,50, Erwachsene 7 Euro)*. Im *Kindermuseum* erfahren sie, begleitet von Schlossgeist Poldi (und zumindest einem Elternteil!), allerlei Wissenswertes über den Alltag der Kaiserkinder *(Sa, So, Feiertage, Ferien 10–17 Uhr | Kinder 5,50, Erwachsene 7 Euro)*. Im *Labyrinthikon*, gleich neben dem Irrgarten draußen im Park, gibt es diverse lustige und originelle Spiele. *www.kaiserkinder.at | U 4 Schönbrunn oder Hietzing*

WIENXTRA-KINDERINFO

Bei der zentralen Infostelle der Stadt Wien für Kinder und deren Bezugspersonen erfährt man alles über Kindertheater, Spielefeste, Partyschiffe, Ausflüge in die Natur etc. *Di–Do 14–19, Fr–So 10–17 Uhr | Museumsquartier/Hof 2 | Museumsplatz 1 | Tel. 4 00 08 44 00 | www.wienxtra.at | Bus 2 A, U 2 Museumsquartier*

ZOOM KINDERMUSEUM
(122 A–B 4–5) *(J9)*

Das Museumsquartier bietet auch ein Museum für die Juniors. Die Palette reicht vom *Ozean*, einer Wasserbett-Tunnel-Landschaft (für Babys bis Dreijährige), über ein Atelier für bildende Künstler in spe (3–12) bis zum Multimedialabor zum Experimentieren mit Trickfilmen, Sound und 3D-Räumen (8–14). Fixe Beginnzeiten für alle Programme, Reservierung empfehlenswert! *Tel. erreichbar Mo–Fr 8–16, Sa, So 9–16 Uhr | Eintritt Kinder und ein Erwachsener 5 Euro, Familienkarte (max. zwei Erw. und drei Kinder) 12 Euro | Museumsplatz 1 | Tel. 5 24 79 08 | www.kindermuseum.at | Bus 2 A, U 2 Museumsquartier*

EVENTS, FESTE & MEHR

Vom Neujahrskonzert über die Festwochen bis zur Filmviennale; von der Ballsaison bis zum großen Silvesterfest: In Wien wird es nie langweilig.

FEIERTAGE

1. Jan. Neujahr; **6. Jan.** Heilige Drei Könige; **Ostermontag**; **1. Mai** Tag der Arbeit; **Christi Himmelfahrt**; **Pfingstmontag**; **Fronleichnam**; **15. Aug.** Mariä Himmelfahrt; **26. Okt.** Nationalfeiertag; **1. Nov.** Allerheiligen; **8. Dez.** Mariä Empfängnis; **25./26. Dez.** Weihnachten

VERANSTALTUNGEN

JANUAR/FEBRUAR

1. Jan.: ▶ *Neujahrskonzert* mit den Wiener Philharmonikern im Goldenen Saal des Musikvereins (123 D6) (L9), Tel. 5 05 65 25. **INSIDER TIPP** Verlosung von Kaufkarten jeweils im Januar über *www.wienerphilharmoniker.at*
Anfang Januar–Ende Februar: ▶ *Faschings- und Ballsaison*. Mehr als 200 festliche Bälle in prunkvollen Sälen
Zweite Januarhälfte: ▶ *Resonanzen*. Festival für alte Musik. Konzerthaus (123 E6) (L9), Kartentel. 24 20 02, *www.konzerthaus.at*

MÄRZ–MAI

Karwoche/Osterwochenende: ▶ *OsterKlang*. Spitzenmusiker, darunter die Wiener Philharmoniker, spielen Besinnliches und Festliches, Kartentel. 588 85
Mitte April–Anfang Mai: ▶ *Frühlingsfestival* im Konzerthaus (123 E6) (L9). Klassische Musik beschwingt, Kartentel. 24 20 02

APRIL–JUNI

▶ *Wiener Frühlingsmarathon*. Lauf von der Reichsbrücke bis zum Heldenplatz. Tel. 6 06 95 10, *www.vienna-marathon.com*
Anfang Mai–Mitte Juni: ▶ *Wiener Festwochen*. Aktuelle Bühnenkunst aus aller Welt, aufgeführt an Dutzenden von Orten. Kartenvorbestellung: Wiener Festwochen, A-1060 Wien, Lehárgasse 11, Tel. 5 89 22 22, per Kreditkarte: 5 89 22 11, *www.festwochen.at*
Ende Mai: ▶ *Lifeball*. Europas größtes Aids-Charity-Event mit hohem Promifaktor und glamourösem, frei zugänglichem Showspektakel auf dem Rathausplatz (122 A–B 2–3) (J8). Tel. 5 95 56 00, *www.lifeball.org*
Letztes Wochenende im Juni: ▶ *Donauinselfest* (126–127 A1–E6) (L1–S9) – dreitägige Megaparty mit Musik, Sportshows und Kabarett

Megaparty, Marathon und Musikfestivals – Wien hat immer Saison, und bestimmt für jeden ist etwas Interessantes dabei

JULI–SEPTEMBER
Anfang Juli: ▶ *Jazzfest*. Auf den Straßen, in Clubs und in der Staatsoper (122 C5) (ﾑ K9), Kartentel. 71 24 22 4, www.viennajazz.org

Anfang Juli–Mitte August: ▶ *ImPulsTanz – Vienna International Dance Festival*. Körperkunst in Perfektion, Kartentel. 523 55 58, www.impulstanz.com

Juli, August: ▶ INSIDER TIPP *Musikfilmfestival* vor dem Rathaus (122 A–B 2–3) (ﾑ J8). Berühmte Operninszenierungen auf Großleinwand, www.wien-event.at

Juli–Anfang September: ▶ *Klangbogen Wien*. 150 Operetten, Opern, Orchester- und Kammermusikkonzerte an den schönsten Spielorten, Kartentel. 5 88 85, www.theater-wien.at

OKTOBER
▶ *Lange Nacht der Museen*. 90 Museen bis 1 Uhr früh für ein Ticket

▶ *Viennale*. Aktuelles Filmschaffen aus aller Welt, Tel. 52 65 94 70, www.viennale.at

Ende Oktober–Ende November: ▶ *Wien modern*. Musik des 20. Jhs. wird im Musikverein (123 D6) (ﾑ L9) und im Konzerthaus (123 E6) (ﾑ L9) gespielt, Tel. 24 20 02 und 5 05 81 90, www.wienmodern.at

NOVEMBER
2. Novemberwoche in der Hofburg (122 B–C 3–4) (ﾑ K 8–9): ▶ *Internationale Kunst- und Antiquitätenmesse Wien*, www.kunstmessewien.at

DEZEMBER
In den letzten vier Wochen: ▶ *27 Adventsmärkte* an den stimmungsvollsten Plätzen der Stadt

31. Dez.: Der ▶ INSIDER TIPP *Silvesterpfad* schlängelt sich durch die gesamte Innenstadt. Mit vielen Verkaufsständen, Jahrmarktbuden, Musikbühnen und Tanzzelten. Höhepunkt ist das Läuten der Pummerin, der Riesenglocke des Stephansdoms (123 D3) (ﾑ L8), www.silvesterpfad.at

ICH WAR SCHON DA!

Drei User aus der MARCO POLO Community verraten ihre Lieblingsplätze und ihre schönsten Erlebnisse

CAFÉ HEINER

In der Innenstadt von Wien, in der Wollzeile 9, befindet sich das Café Heiner, das mir ein Freund empfohlen hat (www.heiner.co.at/). Wenn ich in Wien bin, gehe ich mindestens einmal dort hin. Es gibt eine riesige Auswahl an Kuchen und Torten. Neben der Kuchentheke gibt es einen schnuckeligen Raum mit der typischen Caféeinrichtung von früher. Es ist nicht das typische Touricafé wie das Hawelka oder das Café Central. Man trifft hier Wiener Stammgäste. Allerdings flüchten bei schlechtem Wetter doch auch einige Touristen hinein. **PiBi aus Esslingen**

NASCHMARKT

Der Naschmarkt war ein großes Highlight meines Wien-Besuchs. Zwischen Kettenbrücke und der Secession reihen sich 900 Stände aneinander und bieten viele kulinarische Köstlichkeiten: Von ayurvedischen Lebensmitteln über orientalische Spezereien bis hin zu regionalen Spezialitäten gibt's alles, was das Herz begehrt. **rapunzel aus Düsseldorf**

KRAPFENWALDL

An einem besonders heißen Tag in Wien hatten wir wenig Lust auf Sightseeing. Wir begaben uns auf die Suche nach einem schönen Freibad und wurden auch fündig: Vom Krapfenwald-Bad, Wiens höchstgelegenem Schwimmbad, hat man einen wunderschönen Blick über Wien. Insgesamt gibt es hier 4 Schwimmbecken. **PetraBaltrusch aus Esslingen**

Haben auch Sie etwas Besonderes erlebt oder einen Lieblingsplatz gefunden? Schreiben Sie an unsere SMS-Hotline 0163 6 39 50 20 oder an info@marcopolo.de

LINKS, BLOGS, APPS & MORE

LINKS

▶ www.wien.gv.at/tourismus Auf der übersichtlichen Website finden Sie umfassende Informationen rund um das Leben in der Stadt: Erholung, Kultur, Sport, Essen & Trinken, Sehenswertes und mehr. Durch die virtuellen Stadtspaziergänge kann man all dies schon von zu Hause aus erleben

▶ www.gespenster.at Wer Lust auf eine Stadtführung der anderen Art hat und sich so richtig gruseln will, sollte sich bei den Gespenster-, Geister- und Vampir-Touren durch Wien anmelden

▶ www.wienerleben.at Für nicht ganz so Mutige gibt es hier einen Überblick über Stadtführungen zur Wiener Alltagskultur zwischen Kaffeehaus und Fiaker; plus nützliche Links zu Wiener Apartments, Studienreisen und mehr

▶ www.marcopolo.de/wien Hier finden Sie alles auf einen Blick: interaktive Karten inklusive Planungsfunktion, Impressionen aus der Community, dazu aktuelle News und Angebote …

NETWORK

▶ mp.marcopolo.de/wie6 oder mp.marcopolo.de/wie8 Im Thorntree-Forum der Lonely-Planet-Community werden viele Infos und Tipps unter ehemaligen und zukünftigen Wien-Reisenden ausgetauscht; viele Einträge auf Englisch, aber auch einige in deutscher Sprache

▶ vivirbien.mediavirus.org bzw. mp.marcopolo.de/wie7 Die Ansicht ähnelt Google-Maps, doch hier werden solidarische Projekte und Kooperativen vor allem in Wien kartiert. Sie können nach Bio-Eisdielen und selbstverwalteten Cafés genauso suchen wie nach Badeplätzen, Tausch- und Umsonstläden

▶ twitter.com/RadioArabella Wiens bekanntester Radiosender zwitschert topaktuelle Infos aus Politik und Kultur; auch profanere Dinge wie das Wetter und der Verkehr in der Stadt kommen nicht zu kurz

Egal, ob Sie sich vorbereiten auf Ihre Reise oder vor Ort sind: Mit diesen Adressen finden Sie noch mehr Informationen, Videos und Netzwerke, die Ihren Urlaub bereichern. Da manche Adressen extrem lang sind, führt Sie der kürzere mp.marcopolo.de-Code direkt auf die beschriebenen Websites

BLOGS & FOREN

▶ mp.marcopolo.de/wie1 Sehr hilfreiches Forum für Touristen und andere Stadtneulinge; von Restauranttipps über Ausgehmöglichkeiten bis hin zu öffentlichen Verkehrsmitteln reichen die Themen – und es kommen ständig neue dazu

▶ mp.marcopolo.de/wie2 Nach Selbstaussage ein Forum „nicht nur für Wiener": Hier werden Gedichte, „Weana Gschichtn", Witze, Kochrezepte und vieles mehr ausgetauscht

▶ blogs.taz.de/wienblog Im Wienblog der „tageszeitung" werden nicht nur soziopolitische Themen behandelt, sondern auch Wiens spannendste Intellektuelle, „Best of Vienna"-Führer oder besonders pittoreske Grünpflanzen vorgestellt; witzig und lehrreich zugleich

VIDEOS & STREAMS

▶ mp.marcopolo.de/wie3 Im Zeitraffer aufgenommene Impressionen der Stadt, die auch durch die Farbgebung einen stark surrealistischen Effekt bekommt; leider nur knappe eineinhalb Minuten

▶ mp.marcopolo.de/wie4 Wien ist natürlich ohne seinen musikalischen Botschafter Falco undenkbar; hier singt er vom Wiener Blut – was im Video dann auch literweise fließt. Nicht nur wegen seiner Fischkrawatten ein Trash-Juwel der 1980er-Jahre

▶ mp.marcopolo.de/wie5 In der Mediathek der ARD findet sich ein kurzer Clip über Städtereisen, in dem einige Highlights von Wien vorgestellt werden

APPS

▶ MARCO POLO CityGuide-App Wien leitet auch ohne Internet-Verbindung, Printführer und Stadtplan zuverlässig durch den Großstadtdschungel. Sortiert nach den bewährten Kategorien Sehenswertes, Essen & Trinken, Übernachten, Am Abend und mehr

▶ 24 Stunden in Wien Diese kostenlose App von tripwolf ist, wie der Name schon sagt, besonders für Kurztrips in die Donaumetropole geeignet, aber auch bei längeren Aufenthalten gehen die Tipps und Infos nicht so schnell aus. Sie ist sogar mit Augmented-reality-Elementen ausgerüstet

PRAKTISCHE HINWEISE

ANREISE

Wer über München und Salzburg oder über Passau anreist, kommt meist über die Westautobahn A 1. Besorgen Sie sich vor Fahrtantritt unbedingt eine Autovignette! Die Anreise über Prag oder durch die Wachau geht über die Donauuferautobahn A 22.

Züge aus Richtung München und Passau sowie aus der Schweiz enden am Westbahnhof. Ankünfte aus dem (Nord-)Osten Deutschlands via Tschechien am Franz-Josefs-Bahnhof. Von beiden Bahnhören gibt es Anschluss an U-Bahnen, Straßenbahnen sowie Schnell- und Regionalbahnen. 24-Stunden-Zugauskunft: Tel. 05 17 17.

GRÜN & FAIR REISEN

Auf Reisen können auch Sie mit einfachen Mitteln viel bewirken. Behalten Sie nicht nur die CO_2-Bilanz für Hin- und Rückflug im Hinterkopf *(www.atmosfair.de)*, sondern achten und schützen Sie auch nachhaltig Natur und Kultur im Reiseland *(www.gate-tourismus.de; www.zukunftreisen.de; www.ecotrans.de)*. Gerade als Tourist ist es wichtig, auf Aspekte zu achten wie Naturschutz *(www.nabu.de; www.wwf.de)*, regionale Produkte, Fahrradfahren (statt Autofahren), Wassersparen und vieles mehr. Wenn Sie mehr über ökologischen Tourismus erfahren wollen: europaweit *www.oete.de;* weltweit *www.germanwatch.org*

Von zehn deutschen Flughäfen fliegen Austrian und Lufthansa bzw. Air Berlin/Niki, Germanwings und Intersky nonstop nach Wien. Wiens internationaler Flughafen liegt in Schwechat, etwa 15 km südöstlich des Stadtzentrums. Vom Flughafen verkehren Busse zum Süd- und Westbahnhof *(7 Euro | ca. 30 Min.)* sowie halbstündlich der Cityairport Train nach Wien-Mitte *(12 Euro | online 9 Euro | 16 Min. | www.cityairporttrain.com)*. Eine preisgünstige Alternative: Ebenfalls im halbstündlichen Takt fährt die S-Bahn (S 7, S 2) bis Wien Mitte *(3,20 Euro | mit Wien-Karte die Hälfte | knapp 30 Min.)*.

AUSKUNFT VOR DER REISE

ÖSTERREICH-INFORMATION
Aus ganz Deutschland zum Ortstarif: Tel. 0 18 02 10 18 18 | www.austria.info

AUSKUNFT IN WIEN

WIEN-TOURISMUS
Tgl. 9–19 Uhr | 1010 | Albertinaplatz/Ecke Maysedergasse (122 C5) *(K9)* *| Tel. 2 45 55 | sowie tgl. 6–23 Uhr am Flughafen/Ankunftshalle | Tel. 70 07 01 | www.wien.info*

WIEN XTRA JUGEND- UND KINDER-INFO
(122 B5) *(K9)*
Rat und Tickets für alle bis 26 Jahre. *Jugend-Info: Mo–Mi 14–19, Do–Sa 13–18 Uhr | 1010 | Babenbergerstraße Ecke Burgring | Tel. 4 00 08 41 00 | www.jugendinfowien.at | Kinder-Info: im Museumsquartier/Hof 2 | Di–Do 14–19, Fr–So 10–17 Uhr | Tel. 4 00 08 44 00 | www.kinderinfowien.at*

Von Anreise bis Zoll

Urlaub von Anfang bis Ende: die wichtigsten Adressen und Informationen für Ihre Wienreise

AUTO

Die Verkehrsregeln unterscheiden sich kaum von denen in Deutschland und in der Schweiz. In Österreich besteht für Autofahrer Gurt- und Warnwestenpflicht sowie Winterrreifenpflicht (Nov.–März) und für Motorradfahrer Helmpflicht. Die Alkoholgrenze beträgt 0,5 Promille, das Tempolimit auf Autobahnen 130, auf Landstraßen 100, in Ortschaften 50 km/h. Pannendienste: *ÖAMTC | Tel. 120*, und *ARBÖ | Tel. 123*.

In vielen Bezirken Wiens ist das Parken tagsüber nur mit Parkschein gestattet. Im Stadtzentrum stehen mehrere Parkhäuser zur Verfügung. Unter *www.parkeninwien.at*, Stichwort Parkfibel, können Sie kostenlos die aktuelle Parkfibel für Wien bestellen (Infos u. a. zu Kurzparken, Dauer- und Nachtparken, Park & Ride, Parkgaragen).

BANKEN & KREDITKARTEN

Öffnungszeiten der Banken: *Mo–Mi und Fr 8–15 | Do 8–17.30 Uhr | in Filialen 12.30–13.30 Uhr Mittagspause.* Die gängigen Kreditkarten werden meistens akzeptiert. Verlustmeldungen und Anfragen: *American Express Tel. 515110 | Airplus/Diners Club Tel. 50 13 50 | Mastercard Tel. 71 70 10 | Visa Tel. 7 11 11*

DIPLOMATISCHE VERTRETUNGEN

DEUTSCHE BOTSCHAFT UND KONSULAT
(136 A2) (*M10*)
1030 | Metternichgasse 3 | Tel. 711540 | www.wien.diplo.de | Straßenbahn 71

SCHWEIZERISCHE BOTSCHAFT UND KONSULAT
(135 F2) (*L10*)
1030 | Prinz-Eugen-Straße 7 | Tel. 79 50 50 | www.eda.admin.ch/wien | Straßenbahn D

FAHRRADVERLEIH

Gratis können Sie das Stadtrad *Citybike* zu jeder Tages- und Nachtzeit an rund 80

WAS KOSTET WIE VIEL?

Taxi	**1,29 Euro** *pro Kilometer, tagsüber*
Kaffee	**2,70 Euro** *für eine Tasse Espresso*
Parkplatz	**0,60 Euro** *für 30 Minuten*
Wein	**3 Euro** *für ein Glas (0,125 l)*
Ticket	**Ab 8 Euro** *für eine Theaterkarte*
Imbiss	**Etwa 2,50 Euro** *für eine Frankfurter am Würstlstand*

Stationen ausleihen und wieder zurückbringen. *www.citybikewien.at*

FIAKER

In einer ● Pferdekutsche „erfahren" Sie stilvoll die Schönheit Wiens. Die einstündige Stadtrundfahrt kostet etwa 95 Euro (Preis vor Fahrtantritt vereinbaren!), eine 20-minütige 40 Euro. Alle Standplätze befinden sich im Ersten Bezirk: auf der Augustinerstraße vor der Albertina

(122 C4) (*K9*), auf dem Heldenplatz an der Straße zwischen den beiden Reiterstandbildern (122 B4) (*K8*) und auf dem Stephansplatz an der Nordseite des Doms (123 D3) (*L8*).

NOTRUF & NOTARZT

Apotheken-Bereitschaftsdienst: *Tel. 15 50;* Ärztenotdienst: *Tel. 141;* Feuerwehr: *Tel. 122;* Polizei: *Tel. 133;* Rettung: *Tel. 144;* Zahnärztlicher Nachtdienst: *Tel. 5 12 20 78*

ÖFFENTLICHE VERKEHRSMITTEL

Wien verfügt über fünf U-Bahn-Linien (Betrieb ca. 5–0.30 Uhr, in Nächten vor Sa, So und Ftg. durchgehend), mehrere Schnellbahnlinien sowie unzählige Straßenbahn-, Bus- und Nachtbuslinien. Alle Tickets sind in Tabakläden und an den Fahrkartenautomaten der U-Bahn-Stationen erhältlich, Nachtbustickets im Bus. Ein Fahrschein für Bus, U- und Straßenbahn oder Schnellbahn (bis zur Stadtgrenze) kostet im Vorverkauf 1,80 Euro, im Wagen 2,20 Euro. Die Klimakarte hat acht Streifen, die jeweils eine Tagesnetzkarte für einen beliebigen Tag darstellen, und kostet 28,80 Euro. Noch günstiger sind die Zeit-Netzkarten (z. B. für 24 oder 48 oder 72 Stunden für 5,70 Euro oder 10 bzw. 13,60 Euro) oder auch die Shoppingkarte, gültig an Werktagen von 8–20 Uhr für 4,60 Euro. Unter Sechsjährige zahlen nichts, ebenso Kinder von 6 bis 15 an Sonn- und Feiertagen sowie während der Ferien (Lichtbildausweis mitnehmen!). Zugauskünfte für Ausflüge in die Umgebung per Bahn rund um die Uhr unter Tel. 0 51 71 73.

Reisende im Rollstuhl finden in beinahe allen U-Bahn-Stationen Aufzüge und, in allen Waggons, tiefergelegte Türen sowie genügend Freiraum. Der Straßenbahn-Fuhrpark ist in Umstellung begriffen und besteht inzwischen mehrheitlich aus stufenfreien Niederflurgarnituren. Etwas hinterher hinkt diesbezüglich die S-Bahn. Infos über rollstuhlgerechte Infrastruktur liefern eigens erstellte Stadtpläne, erhältlich über den *Wiener Tourismusverband (Tel. 2 111 42 22).*

Die *Wien-Karte* (18,50 Euro) berechtigt 72 Stunden lang zur unbeschränkten Nutzung aller öffentlichen Verkehrsmit-

GOLDENE KEHLEN

Die Wiener Sängerknaben singen von Mitte September bis Ende Juni an allen Sonntagen und zusätzlich am Weihnachtstag zur Messe in der Burgkapelle der Hofburg (Zugang Schweizerhof); begleitet werden sie von Mitgliedern des Chors und des Orchesters der Staatsoper. Beginn: 9.15 Uhr. Schriftliche Kartenbestellungen sind mindestens zehn Wochen im Voraus zu richten an die *Hofmusikkapelle | A-1010 Wien | Hofburg | Tel. +4 31 5 33 99 27 | whmk@* *chello.at.* Karten für Restplätze gibt es an der Tageskasse bei der *Burgkapelle (Fr 11–13 und 15–17, Sa ab 8.15 Uhr).* Darüber hinaus bitten die Sängerknaben von Mitte April bis Juni sowie im September und Oktober freitags um 16 Uhr zu Straussklängen und Werken der Romantik in den Musikverein. Eintrittskarten in Hotels oder beim *Reisebüro Mondial | Tel. +4 31 58 80 41 73 | www.mondial.at.* Allgemeine Info: *www.wsk.at*

PRAKTISCHE HINWEISE

tel innerhalb der Stadtgrenzen. Dazu kommen Ermäßigungen in den meisten Museen und Sehenswürdigkeiten sowie weitere Vorteile. Kinder bis 15, Studenten sowie Senioren sparen eventuell mehr, wenn sie einschlägige Ermäßigungen in Anspruch nehmen. Ausweis bzw. Altersnachweis nicht vergessen! Die Wien-Karte ist in über 200 Hotels, in den Touristeninformationsstellen und bei allen größeren Verkaufsstellen der Wiener Verkehrslinien erhältlich. Von auswärts kann man sie per Kreditkarte bestellen *(Tel. 798 40 01 48 | www.wienkarte.at)*. *Infozentren der Wiener Linien u. a. am Stephans- und Karlsplatz/Passage sowie im Westbahnhof | Mo–Fr 6.30–18.30, Sa, So 8.30–16 Uhr | Tel. 790 91 00 | www.wienerlinien.at*

Fiaker vor der Hofburg

POST

Öffnungszeiten meist *Mo–Fr 8–12 und 14–18 Uhr (Geldschalter bis 17 Uhr)*, Bezirkspostämter *Mo–Fr 8–18*, Hauptpost (123 E3) (*L8*) *Mo–Fr 7–22, Sa, So 9–22 Uhr | Fleischmarkt 19 | U 4 Schwedenplatz;* Westbahnhof (133 F2) (*G10*) *Mo–Fr 7–22, Sa, So 9–22 Uhr | Europaplatz 1 | U 3, U 6 Westbahnhof*

PREISE

Konsumgüter, Textilien und Lebensmittel sind in Österreich meist etwas teurer als in Deutschland, aber deutlich billiger als in der Schweiz.

RAUCHEN

Zwar ist der Glimmstengel aus Amtsgebäuden und öffentlichen Einrichtungen verbannt, auch die Mehrzahl der Hotels ist mittlerweile nikotinfrei, Gastronomen jedoch müssen per Gesetz ihr Lokal als Raucher- bzw. Nichtraucherlokal deklarieren oder zumindest zwei strikt getrennte Bereiche anbieten (mit entsprechendem Symbol am Lokaleingang).

STADTRUNDFAHRTEN & -RUNDGÄNGE

Auf Schienen: in der Vienna Ring Tram rund um die Ringstraße, Zu- und Ausstieg an jeder Haltestelle möglich. *Ganzjährig tgl. 10–18 Uhr | Abfahrt am Schwedenplatz jew. 10 Min. vor und 20 Min. nach der vollen Stunde, erste Fahrt 10 Uhr ab Staatsoper | Dauer: ca. 25 Min. 6 Euro, für 24 Std. 9 Euro*

Auf vier Rädern: im nostalgischen Miet-Oldie mit Fahrer durch die Stadt und ins Umland. Route und Dauer fix oder individuell. *Tel. 06 64 4 11 88 93 | www.oldiefahrt.at*

Per Fahrrad: Geführte Touren, zwei bis drei Stunden Dauer: *Bike & Guide (Tel. 06 99 11 75 82 61 | www.bikeandguide.com)* sowie *Pedal Power (Ausstellungsstraße 3* (120 C3) (*N7*) *| Tel. 7 29 72 34 |*

www.pedalpower.at). Gratis-Informationsmaterial, Verkauf von Radkarten und -literatur auch bei: *ARBÖ (Mariahilfer Straße 180* (133 E3) *(⌖ F11) | Tel. 89 12 17)* und *ARGUS (Frankenberggasse 11* (135 E2) *(⌖ J10) | Tel. 5 05 09 07).*

Im Bus: Täglich mehrere Stadtrundfahrten veranstalten *Vienna Sightseeing Tours (Tel. 71 24 68 30 | www.viennasightseeing.at); Red Bus City Tours (Tel. 5 12 40 30);* sowie *Cityrama (Tel. 5 04 75 00.* Die Busse der *Vienna Line Hop On Hop Off* verkehren täglich im Stundentakt *(Mo–Do 10–17, Fr–So 10.30–16.30 Uhr)* auf drei festen Routen zwischen 15 Stationen. Mit einem Tagesticket für 20 Euro (Kinder 7 Euro) können Sie nach Belieben zu- und aussteigen. Die zentrale Station befindet sich vor der Staatsoper. Alternative Rundfahrten im Bus (und auch per Rad) zu speziellen Themen veranstaltet die *Stattwerkstatt | Kolingasse 6* (122 B1) *(⌖ J7) | Tel. 3 19 86 66.*

Mit dem Motorschiff *(nur Mai–Okt.):* DDSG Blue Danube Schifffahrt | Friedrichstraße 7 | Tel. 5 88 00 | www.ddsg-blue-danube.at

Zu Fuß: Fremdenführer vermittelt der *Vienna Guide Service (Sommerhaidenweg 124 | Tel. 7 86 24 00 | www.viennaguideservice.com),* halber Tag ca. 120 Euro, ganzer Tag (bis sechs Stunden) etwa 240 Euro. Eine Gruppe von staatlich geprüften Fremdenführern bietet „Wiener Spaziergänge" zu stadtspezifischen Themen (pro Person 14 Euro). Monatsprogramme an den Infostellen *(Tel. 4 89 96 74 | www.wienguide.at).*

TAXI

Funktaxis *Tel. 3 13 00 | Tel. 4 01 00 | Tel. 6 01 60 | Tel. 8 14 00.* Für Ziele außerhalb

WETTER IN WIEN

	Jan.	Feb.	März	April	Mai	Juni	Juli	Aug.	Sept.	Okt.	Nov.	Dez.
Tagestemperaturen in °C												
	1	3	8	14	19	22	25	24	20	14	7	3
Nachttemperaturen in °C												
	−4	−2	1	6	10	13	15	15	11	7	3	−1
Sonnenschein Stunden/Tag												
	2	3	4	6	7	8	8	8	7	5	2	1
Niederschlag Tage/Monat												
	8	7	8	8	9	9	9	9	7	8	8	8

PRAKTISCHE HINWEISE

des Stadtgebiets muss der Preis im Voraus frei vereinbart werden.

TELEFON & HANDY

Für Kartentelefone sind Telefonkarten im Wert von 5 Euro, 10 Euro oder 20 Euro in Postämtern und Tabakläden erhältlich. Für Ihr Handy kaufen Sie am besten vor Ort eine Prepaid-Karte, um Gebühren für eingehende Anrufe zu sparen. Wichtigste Betreiber: *A 1 (www.a1.net)*, *One (www.orange.at)*, *T-Mobile (www.t-mobile.at)*, *Hutchinson 3 (www.drei.at)*. Günstige Alternative zum Telefonieren sind SMS. Hohe Kosten verursacht die Mailbox: besser abschalten!
Vorwahl: von Deutschland und aus der Schweiz nach Wien: +431, von Österreich nach Deutschland +49, in die Schweiz +41 (dann Ortsvorwahl jeweils ohne 0 wählen).

THEATER- & KONZERTKARTEN

Schriftliche Vorbestellungen von Karten für Staats- und Volksoper sowie Burg- und Akademietheater unter *Bundestheater / A-1010 Wien / Operngasse 2*, für die Staatsoper ab März/April für die gesamte Folgesaison. Vorverkauf und Restkarten in der Kassenhalle der Bundestheater, online unter *www.culturall.com /* und via Kreditkarte unter *Tel. 5 13 15 13.* Auskunft *Tel. 5 14 44 78 80 /* oder *www.artforart.at* Für die Theater an der Wien, Ronacher, Raimundtheater und alles andere, was im Wiener Veranstaltungs-Service/WVS angeboten wird, ist *Wien-Ticket* zuständig. *Zentrale Verkaufsstelle: Wien-Ticket-Pavillon neben der Oper / tgl. 10–19 Uhr / Kreditkartenbestellung Tel. 5 88 85 (tgl. 9–21 Uhr) / www.wien-ticket.at*
Tickets im Internet: *www.culturall.com* bzw. *www.viennaticketoffice.com*

TRINKGELD

Kellner und Taxifahrer 5–10 Prozent, Zimmerservice 1–2 Euro täglich, Kofferträger 0,50–1,50 Euro.

WLAN & MULTIMEDIA

Viele Cafés, aber auch Institutionen bieten kosten- und drahtlosen Internetzugang. Eine Auflistung der mehr als 300 Hotspots finden Sie unter *www.freewave.at.* An mehr als 500 öffentlich zugänglichen Standorten ermöglichen außerdem *Multi Media Stations* den kostenfreien Onlinezugang zu den Seiten der Stadt Wien, darunter auch zu Touristeninformationen. Zudem können Sie von ihnen aus kostenlos mit den Servicestellen der Stadtverwaltung telefonieren. Per Kleingeld-Einwurf kann man außerdem allgemein telefonieren, im Internet surfen, SMS und E-Mails versenden und Telefonate mit gleichzeitiger Videoübertragung führen.

WETTER & REISEZEIT

In Wien herrscht ein gemäßigtes Kontinentalklima. Das bedeutet kalte Winter, heiße, relativ trockene Sommer und viel Regen im Frühling und Herbst. Ideal für eine Reise sind das späte Frühjahr oder der frühe Herbst. Wetterprognose: *www.orf.at/wetter*

ZOLL

Im Verkehr mit EU-Ländern gelten die Bestimmungen des europäischen Binnenmarkts: Pro Person sind Waren für den privaten Bedarf zollfrei, u. a. 800 Zigaretten, 10 l Spirituosen, 90 l Wein und 110 l Bier. Im Verkehr mit der Schweiz sind zollfrei: 2 l Wein, 1 l Spirituosen, 200 Zigaretten, Einkäufe bis 100 Franken.

ein unternehmen de
wienhold!

visiting mozart

meeting the genius

1010 Wien · Domgasse 5
täglich 10 bis 19 Uhr · Tel.: +43-1-512 17 9
info@mozarthausvienna.at

www.mozarthausvienna.at

Mozarthaus Vienna
mit WIEN MUSEUM MOZARTWOHNUNG

CITYATLAS

Unterwegs in Wien

Die Seiteneinteilung für den Cityatlas finden Sie auf dem hinteren Umschlag dieses Reiseführers

Die grüne Linie ▬▬ zeichnet den Verlauf der Stadtspaziergänge nach

Der Gesamtverlauf dieser Spaziergänge ist auch in der herausnehmbaren Faltkarte eingetragen

Bild: Oberes Belvedere

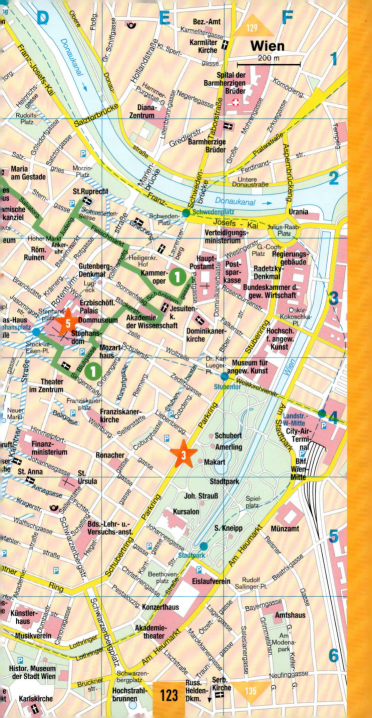

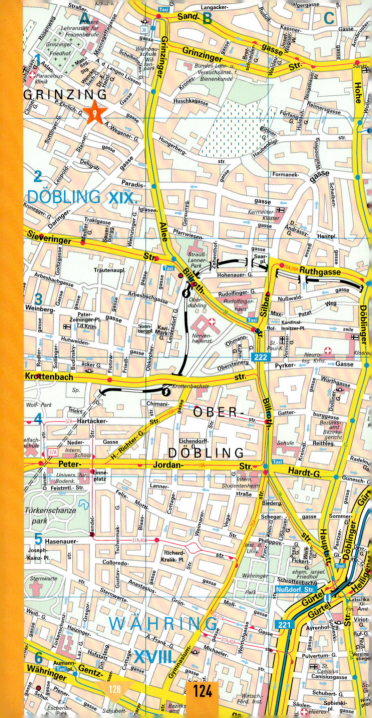

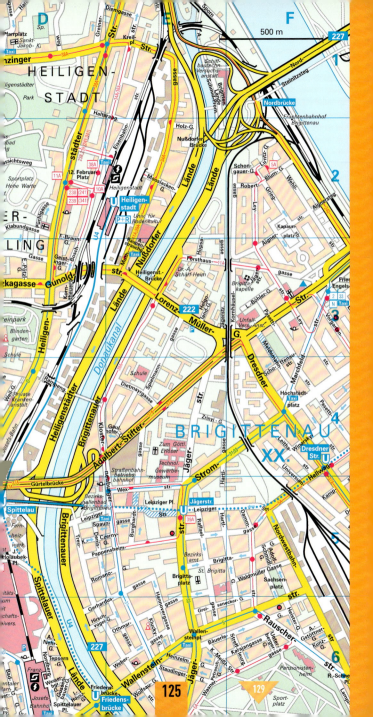

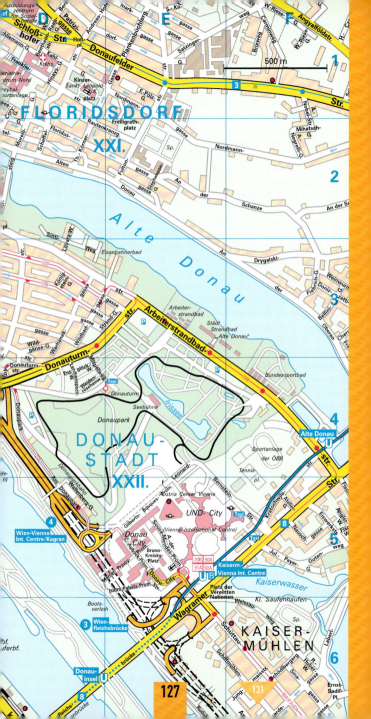

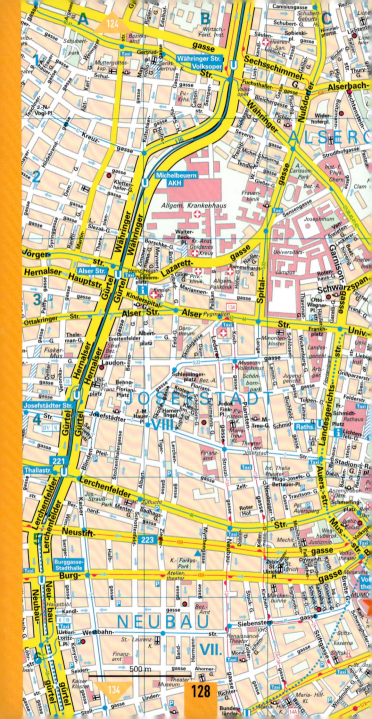

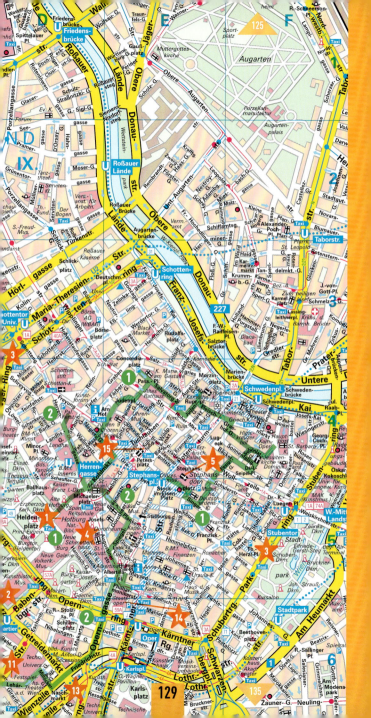

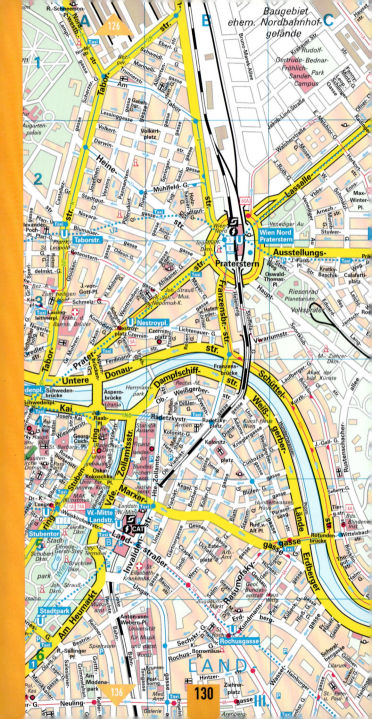

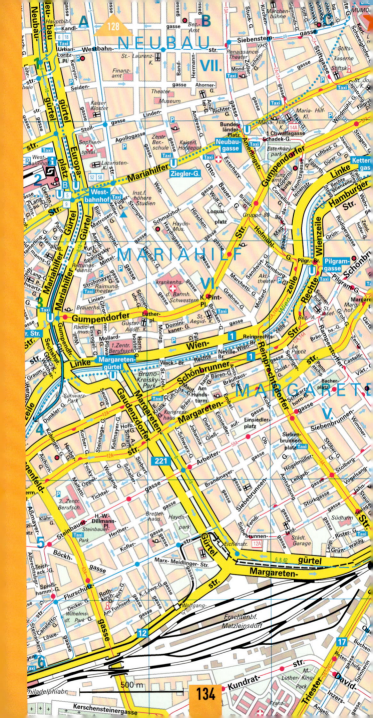

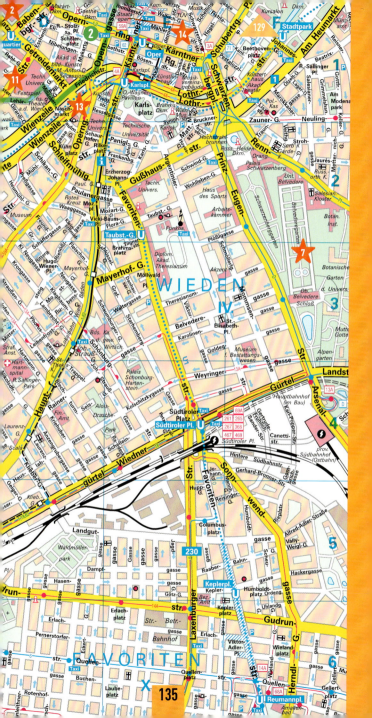

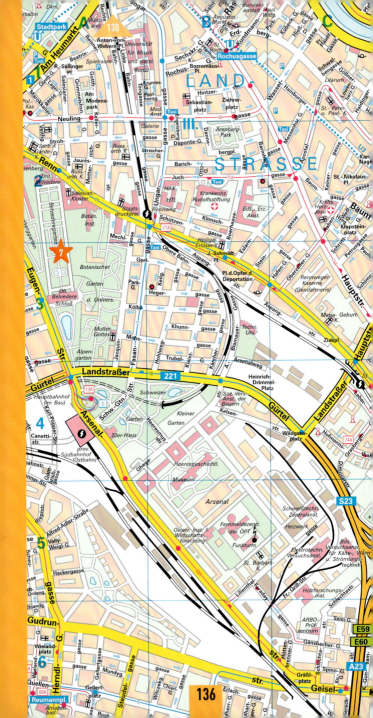

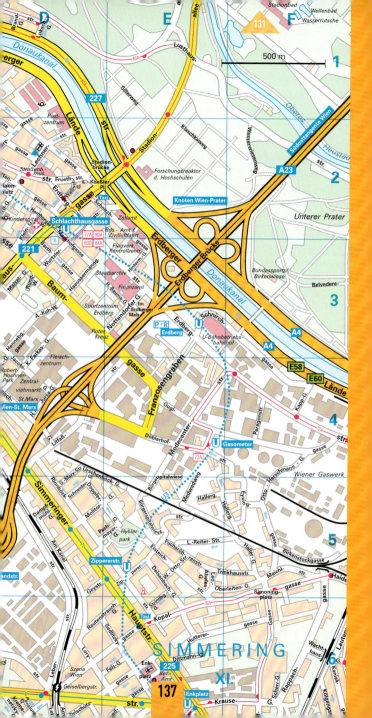

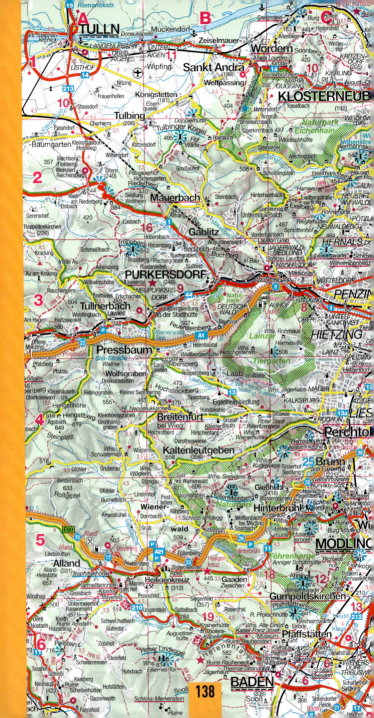

Das Register enthält eine Auswahl der im Cityatlas dargestellten Straßen und Plätze

A

Adalbert-Stifter-Straße 125/D4-F3
Adolf-Blamauer-Gasse 136/B3-B4
Aichholzgasse 133/D5-D6
Akademiestraße 123/D5
Albertgasse 128/A5-B3
Albertinaplatz 122/C5
Albertplatz 128/A3-B3
Alliiertenstraße 130/B1
Alser Straße 128/A3–122/A1
Alserbachstraße 128/C1–129/D1
Althanstraße 124/C6–129/D1
Am Heumarkt 123/E6-F5
Am Hof 122/C2-C3
Am Hubertusdamm 126/B1-C3
Am Kanal 137/D5-D6
Am Modenapark 123/F6
Am Stadtpark 123/F4
Ameisgasse 132/A2-A3
Amerlingstraße 134/B2
Amortgasse 132/B2
An der oberen Alten Donau
   126/C1–127/F4
Annagasse 123/D4-D5
Anschützgasse 133/D3-D4
Apostelgasse 136/C1-C2
Arbeitergasse 134/B4-C4
Arbeiterstrandbadstraße
   126/C3–127/F4
Arbesbachgasse 124/A3-B3
Argentinierstraße 135/E2-F4
Arndtstraße 133/E5–134/A4
Arsenalstraße 135/F4–136/C6
Aslangasse 124/A1-B2
Aspangstraße 136/B3-C3
Aspernbrücke 123/F2
Aspernbrückengasse 123/F2
Aßmayergasse 133/A5-A6
Auerspergstraße 122/A3-A4
Augartenbrücke 129/E2
Augustinerstraße 122/C3-C5
Auhofstraße 132/A4
Ausstellungsstraße 130/B3–131/E3
Avedikstraße 133/D3-E2

B

Babenbergstraße 122/B5
Bäckerstraße 123/E3
Ballgasse 123/D4
Ballhausplatz 122/B3
Bankgasse 122/B3-C3
Barawitzkagasse 124/C3–125/D3
Bartensteingasse 122/A3-A4
Bauernmarkt 123/D2-D3
Baumgasse 136/C2–137/D4
Bayerngasse 123/F5-F6
Beatrixgasse 123/F5–130/B5
Beckmanngasse 132/C2-C3
Beethovenplatz 123/E5
Bellariastraße 122/A4-B4
Bellegardegasse 131/F1
Belvederegasse 135/E3-F3
Bendlgasse 133/F5
Berggasse 129/D2-D3
Bernardgasse 128/A5-B5
Biberstraße 123/E3-F3
Billrothstraße 124/B3-C5
Bischhoffgasse 133/D5
Blechturmgasse 135/D4-E4
Blindengasse 128/A3-A4
Blumenauergasse 130/A2-A3
Blutgasse 123/D3-D4
Böckhgasse 134/A5
Boerhaavegasse 136/B2-B3
Borschkegasse 128/B3
Börsegasse 122/C1-C2

Börseplatz 122/C1-C2
Boschstraße 125/D3-E1
Bösendorferstraße 123/D5-D6
Brandmayergasse 134/B4-B5
Brandstätte 123/D3
Bräunerstraße 122/C3-C4
Braunhirschengasse 133/D3-E4
Brehmstraße 136/C6–137/D6
Breite Gasse 122/A5
Breitenseer Straße 132/A1-C1
Brigittaplatz 125/E5
Brigittenauer Brücke 126/B4-C4
Brigittenauer Lände 125/E2–129/E1
Bruckhaufner Hauptstraße
   126/C3–127/D4
Brucknerstraße 123/D6-E6
Bürgerspitalgasse 134/A2-A3
Burggasse 128/A5–122/A4
Burgring 122/B4-B5

C

Canovagasse 123/D5-D6
Castellezgasse 129/F1-F2
Chimanistraße 124/B6
Christinengasse 123/E5
Clementinengasse 133/E3-F3
Cobdengasse 123/E4
Coburgbastei 123/E4
Colloredogasse 124/A5-B5
Concordiaplatz 122/C2–123/D2
Cottagegasse 124/A6-B4
Cumberlandstraße 132/A3-C3

D

Dampfschiffstraße 130/A4-B4
Daringergasse 124/A2
Davidgasse 134/C6–135/D6
Diesterweggasse 132/B3
Dietrichgasse 136/C1-D2
Döblerhofstraße 137/E4-F4
Doblhoffgasse 122/A3
Döblinger Gürtel 124/C5
Döblinger Hauptstraße 124/C3-C5
Dominikanerbastei 123/E2-E4
Donaueschingenstraße 126/A5-B4
Donaufelder Straße 127/D1-F1
Donauturmstraße 127/D4-E3
Dorotheergasse 122/C4–123/D3
Dr.-Ignaz-Seipel-Platz 123/E3
Dr.-Karl-Lueger-Platz 123/E4
Dr.-Karl-Lueger-Ring 122/B2-B3
Dr.-Karl-Renner-Ring 122/B3-B4
Drechslergasse 132/B2
Dresdner Straße 125/F3–126/B6
Dreyhausenstraße 132/A2-B2
Dumbastraße 123/D5-D6

E

Ebendorferstraße 122/A2
Eichengasse 133/E6–134/B5
Einsiedlergasse 134/B4-C5
Einwanggasse 132/A2-A3
Eisenbahnstraße 125/E1-E2
Elisabethstraße 122/B5-C5
Engerthstraße 126/A3–131/F4
Ennsgasse 130/C2–131/D2
Erdberger Brücke 137/E3
Erdberger Lände 130/C5–137/F4
Erdbergstraße 136/B1–137/F4
Eschenbachgasse 122/B5
Eßlinggasse 122/C1–123/D1
Esterhazygasse 134/B2-C2
Europaplatz 134/A2

F

Fahnengasse 122/C3

Falkestraße 123/F3
Faradaygasse 136/B5-C6
Färbergasse 122/C2
Fasanengasse 136/A4-B2
Faulmanngasse 122/C5
Favoritenstraße 135/E2-F6
Felberstraße 132/C3–133/F2
Felbigergasse 132/A2
Felderstraße 122/A2
Feldgasse 128/B3
Felix-Mottl-Straße 124/A5-B5
Fendigasse 134/B5-C4
Fenzlgasse 132/C2-C3
Ferdinandstraße 123/F2–130/B3
Ferstelgasse 122/A1
Fiakerplatz 137/D2
Fichtegasse 123/D5-E5
Fiebrichgasse 127/F3
Fillgradergasse 122/A6-B6
Fleischmarkt 123/D2-E3
Florianigasse 128/A4–122/A2
Floridsdorfer Brücke 126/A3-B2
Floridsdorfer Hauptstraße
   126/B2-C1
Flotowgasse 124/A3-A4
Flurschützstraße 134/A5-B5
Fockygasse 134/A4-B6
Formanekgasse 124/C2-C3
Forsthausgasse 125/E3-F3
Frankgasse 122/A1
Franzensbrücke 130/B3-B4
Franzensbrückenstraße 130/B3
Franzensgasse 134/C2–135/D2
Franz-Grill-Straße 136/C5
Franziskanerplatz 123/D4
Franz-Josefs-Kai 123/F2–129/E3
Franzosengraben 137/E3-E4
Freytaggasse 126/C1–127/D1
Freyung 122/C2
Friedrich-Engels-Platz 126/A3
Friedrich-Schmidt-Platz 122/A3
Friedrichstraße 122/C6
Friedstraße 127/D3-D4
Fuchsthallergasse 128/B1-C1
Führichgasse 122/C5
Fultonstraße 127/E1-E2

G

Gallmeyergasse 124/C3–125/D3
Gänsbachergasse 136/C6
Garelligasse 122/A1
Garnisongasse 128/C3–122/A1
Gartengasse 134/C3–135/D4
Gassergasse 135/D4-D5
Gatterburggasse 124/C4
Gaudenzdorfer Gürtel 134/A4-B5
Gaußplatz 129/E1
Geiselbergstraße 136/C6–137/E6
Gentzgasse 124/A6–128/B1
Georg-Coch-Platz 123/F3
Gerhardusgasse 125/D6-E5
Gerlgasse 136/A3-B3
Getreidemarkt 122/B5-C6
Ghegastraße 136/A4-B4
Girardigasse 122/B6
Glasergasse 129/D1
Gluckgasse 122/C4
Goethegasse 122/C5
Goldschlagstraße 132/A2-C2
Gölsdorfgasse 123/D2
Gonzagagasse 122/C1–123/D1
Gottfried-Alber-Gasse 132/A1
Gottfried-Keller-Gasse 123/F6
Gottschalkgasse 137/E6
Graben 122/C3–123/D3
Grabnergasse 134/B3

STRASSENREGISTER

Graf-Starhemberg-Gasse **135/E3-E4**
Gräßlplatz **136/C6**
Gredlerstraße **123/E2**
Gregor-Mendel-Straße **124/A4-A6**
Grillparzerstraße **122/A2**
Grimmelshausengasse **123/F6**
Grinzinger Straße **124/B1–125/E1**
Grinzinger Allee **124/B1-B3**
Große Mohrengasse
123/F2–130/A3
Große Neugasse **135/D2-D3**
Große Schiffgasse **123/E1–129/F2**
Große Stadtgutgasse **130/A2-B2**
Grünangergasse **123/D4-E3**
Grünbergstraße **132/C6–133/D4**
Grünentorgasse **129/D2**
Grüngasse **134/C2–135/D2**
Gudrunstraße **135/D5–136/B6**
Guglgasse **137/E4-F4**
Gumpendorfer Gürtel **133/F3**
Gumpendorfer Straße
122/B5–134/A3
Guneschgasse **124/C5**
Gunoldstraße **125/D3-E3**
Gurkgasse **132/B3-C2**
Gürtelbrücke **125/D5**
Gußhausstraße **135/E2**
Gymnasiumstraße **124/B5-B6**

H

Habsburgergasse **122/C3-C4**
Hadikgasse **132/A3-C4**
Haidgasse **129/F3**
Haidingergasse **130/C6**
Hainburger Straße **136/C1–137/D2**
Hallergasse **137/E5-F5**
Hamburger Straße **134/C2**
Hammer-Purgstall-Gasse **123/E1**
Handelskai **125/F2–131/F4**
Hansenstraße **122/A4**
Hans-Richter-Gasse **124/A4**
Hanuschgasse **122/C4**
Hardtgasse **124/C4-C5**
Harkortstraße **130/C2**
Hartäckerstraße **124/A4**
Hasenauerstraße **124/A5-B5**
Haubenbiglstraße **124/B2-C2**
Hauptallee **130/B3–131/F6**
Haydngasse **134/B2–3**
Hegelgasse **123/D5-E4**
Heiligenstädter Brücke **125/E3**
Heiligenstädter Lände **125/D4-E3**
Heiligenstädter Straße
124/C5–125/F1
Heinestraße **130/A2-B2**
Heinrichgasse **123/D1-D2**
Heldenplatz **122/B4**
Helferstorferstraße **122/B2-C2**
Hellwagstraße **125/F5–126/A4**
Herklotzgasse **133/E3-F3**
Hermanngasse **128/B5-B6**
Hernalser Gürtel **128/A3-A4**
Hernalser Hauptstraße **128/A3**
Herndlgasse **135/F6**
Herrengasse **122/C2-C3**
Herthergasse **134/A5-B5**
Herzgasse **135/D5-D6**
Heßgasse **122/B1-B2**
Hetzgasse **130/B4-C4**
Heumühlgasse **135/D2**
Hietzinger Hauptstraße **132/A4-B4**
Hietzinger Kai **132/A3-A4**
Himmelpfortgasse **123/D4-E5**
Hintere Zollamtsstraße **130/B4-B5**
Höchstädtplatz **125/F4**
Hofmannstalgasse **136/C4**
Hofmühlgasse **134/B2-C3**

Hofzeile **124/C3**
Hohe Warte **124/C1-C3**
Hohenbergstraße **132/C6–133/E6**
Hohenstaufengasse **122/C1-C2**
Hoher Markt **123/D2-D3**
Hohlweggasse **136/B3-B4**
Hollandstraße **123/E1**
Hollergasse **133/D3-D4**
Hörlgasse **129/D3–122/B1**
Hoßplatz **127/D1**
Hungerbergstraße **124/B2**
Hütteldorfer Straße **132/A2–133/F1**

I

Iglaseegasse **124/A2-C2**
Ing.-R-Sallinger-Platz **123/F5**
Innstraße **126/B5-B6**
Invalidenstraße **130/A5-B5**

J

Jacquingasse **136/A2-A4**
Jägerstraße **125/E4-E6**
Jahngasse **134/C5–135/D4**
Jasomirgottstraße **123/D3**
Jedleseer Straße **126/B1**
Johannagasse **134/B4-B5**
Johannesgasse **123/D4-E5**
Johann-Strauß-Gasse **135/D3-E4**
Johnstraße **132/C3–133/D1**
Jordangasse **123/D2**
Jörgerstraße **128/A3**
Josef-Meinrad-Platz **122/B3**
Josef-Melichar-Gasse **126/C2-C3**
Josefsplatz **122/C4**
Josefstädter Straße **128/A4–122/A3**
Juchgasse **136/B2-C2**
Judengasse **123/D2**
Judenplatz **122/C2**
Julius-Raab-Platz **123/F2-F3**
Julius-Tandler-Platz **129/D1**
Jungstraße **131/D2**

K

Kafkastraße **131/E2-E3**
Kaiserallee **131/D4**
Kaiserstraße **128/A5–134/A2**
Kampstraße **126/A5**
Kandlgasse **128/A6-B6**
Kardinal-Nagl-Platz **136/C2**
Karlingergasse **132/A3**
Karl-Schweighofer-Gasse **122/A5-A6**
Karlsplatz **122/C6–123/D6**
Karmelitergasse **123/E1-F1**
Karmelitermarkt **123/E1**
Kärntner Ring **123/D5**
Kärntner Straße **122/C5–123/D3**
Karolinengasse **135/E3-F3**
Kegelgasse **130/B5-C5**
Keinergasse **136/C2**
Kelsenstraße **136/B4-C4**
Kendlerstraße **132/B1**
Kennedybrücke **132/B4**
Kerschensteinergasse **134/A6**
Kettenbrunngasse **135/D2**
Kienmayergasse **132/B1-C1**
Kinderspitalgasse **128/A3-B3**
Kirchengasse **128/B5-C6**
Kleine Neugasse **135/D3**
Kleine Sperlgasse **123/E1**
Kleistgasse **136/B3-B4**
Kliebergasse **135/D4-D5**
Klosterneuburger Straße **125/D4-E6**
Kohlmarkt **122/C3**
Kölblgasse **136/A3-B3**
Kolingasse **122/B1**
Köllnerhofgasse **123/E3**
Kolschitzkygasse **135/E4**

Königsklostergasse **122/B6**
Kopalgasse **137/E6-F5**
Kornhäuselgasse **125/F2-F3**
Krämergasse **123/D3**
Krausegasse **137/E6-F6**
Kreindlgasse **124/C4**
Kreuzgasse **128/A1-A2**
Krottenbachstraße **124/A4-B4**
Krugerstraße **122/C5–123/D5**
Krummbaumgasse **123/E1**
Kuefsteingasse **132/B1-C1**
Kugelfanggasse **126/C3–127/E3**
Kumpfgasse **123/E3-E4**
Kundmanngasse **130/B6-C5**
Kundratstraße **134/B6-C6**
Kutschkergasse **128/B1-B2**

L

Lagergasse **123/E6-F6**
Lagerhausstraße **131/D3**
Laimgrubengasse **122/A6-B6**
Landesgerichtsstraße **122/A1-A3**
Landgutgasse **135/D5-F5**
Landhausgasse **122/B3-C3**
Landstraßer Gürtel **136/A4-C4**
Landstraßer Hauptstraße
130/A5–136/C4
Lange Gasse **128/B3-C5**
Längenfeldgasse **133/F4–134/A6**
Lannerstraße **124/B5**
Lassallestraße **130/C1-C2**
Laudongasse **128/A4-C3**
Laurenzerberg **123/E2-E3**
Laurenzgasse **135/D4-D5**
Laxenburger Straße **135/E4-E6**
Lazarettgasse **128/B3**
Leberstraße **136/C4–137/D6**
Lechnerstraße **137/D2**
Lederergasse **128/B3-B4**
Lehargasse **122/B6-C6**
Leipziger Platz **125/E5**
Leipziger Straße **125/D5-F5**
Lenaugasse **122/A3**
Leonard-Bernstein-Straße **127/E5-F5**
Leopoldsgasse **129/E2-F3**
Lerchenfelder Gürtel **128/A4-A5**
Lerchenfelder Straße
128/A6–122/A4
Lerchengasse **128/B4-B5**
Leyserstraße **132/B1-B2**
Leystraße **126/A4-B5**
Lichtenfelsgasse **122/A3**
Liebenberggasse **123/E4**
Liebiggasse **122/A2**
Liechtensteinstraße **124/C5–129/D3**
Lilienbrunngasse **123/E1-E2**
Lilienthalgasse **136/B5-C5**
Lindengasse **134/A1-C1**
Liniengasse **134/A3-B2**
Linke Bahngasse **123/F5–136/B2**
Linke Wienzeile **122/C6–132/C4**
Linzer Straße **132/A2–133/D3**
Lisztstraße **123/E6**
Litfaßstraße **137/D4-E4**
Lorenz-Müller-Gasse **125/E3-F3**
Lothringer Straße **122/C6–123/E5**
Löwelstraße **122/B3**
Löwengasse **130/B4-C6**
Ludwig-Koeßler-Platz **137/D2-E2**
Lugeck **123/D3**
Lustkandlgasse **124/C6–128/B1**

M

Mahlerstraße **123/D5**
Malfattigasse **134/A4-A6**
Malzgasse **129/E2-F2**
Marc-Aurel-Straße **123/D2**

Marchfeldstraße 125/F3–F4
Margaretengürtel 134/A4–135/E4
Margaretenplatz 134/C3
Margaretenstraße 134/B4–135/D2
Mariahilfer Gürtel 133/F2–F3
Mariahilfer Straße 122/B5–132/C3
Maria-Theresien-Platz 122/B4–B5
Maria-Thersien-Straße
  129/E3–122/B1
Marienbrücke 123/E2
Marokkanergasse 123/E6–135/F2
Martinstraße 128/A1–A3
Marxergasse 130/A5–C5
Märzstraße 132/A2–133/F1
Mattiellistraße 123/D6
Matzleinsdorfer Platz 134/C5
Matznergasse 132/B2
Maxingstraße 132/A4–A6
Mayerhofgasse 135/D3–E3
Meidlinger Hauptstraße 133/E5–E6
Meiereistraße 131/E6–F4
Meiselstraße 132/B2–133/D3
Metastasiogasse 122/B3
Mexikoplatz 131/D1
Michaeler Platz 122/C3
Millergasse 134/A2–B3
Minorplatz 122/B3
Mittelgasse 134/A3–B2
Mittersteig 135/D3
Modecenterstraße 137/E4
Mohsgasse 136/A3–B3
Moissigasse 131/F1
Mölker Bastei 122/B2
Molkereistraße 130/C2–C3
Mollardgasse 134/B3–C2
Mollgasse 124/B6
Möllwald Platz 135/E3
Mommsengasse 135/F3–F4
Montecuccoliplatz 132/A6
Morzinplatz 123/D2
Mühlfeldgasse 130/B2
Mühlgasse 135/D2
Murlingengasse 133/F6–134/B6
Museumsplatz 122/A4–B5
Museumstraße 122/A4
Myrthengasse 128/B5

N

Naglergasse 122/C2–C3
Naschmarkt 122/B6–C6
Negerlegasse 123/E1
Neubaugasse 128/B5–B6
Neubaugürtel 128/A5–A6
Neuer Markt 123/D4
Neulinggasse 123/F6–130/B6
Neustiftgasse 128/A5–122/A4
Neutorgasse 122/C1–123/D2
Nibelungengasse 122/B5–C5
Niederhofstraße 133/E5–F5
Nordbahnstraße 126/B6–130/B2
Nordbrücke 125/F1–126/A1
Nordwestbahnstraße
  125/F5–130/A1
Nottendorfer Gasse 137/E3
Novaragasse 130/A2–B3
Nußdorfer Lände 125/E2–E3
Nußdorfer Straße 124/C6–128/C2
Nußwaldgasse 124/C3

O

Obere Augartenstraße 129/E1–F2
Obere Donaustraße 123/E2–129/E1
Obere Viaduktgasse 130/B4
Obere Weißgerberstraße 130/B4
Obkirchergasse 124/B3–B4
Oelweingasse 133/D4–E3
Ölzeltgasse 123/E6–F5

Operngasse 122/C5–135/D2
Opernring 122/C5
Oppolzergasse 122/B2
Oskar-Kokoschka-Platz 123/F3
Othmargasse 125/E6
Otto-Bauer-Gasse 134/B2
Otto-Wagner-Platz 122/A1

P

Paniglgasse 122/C6–123/D6
Pappenheimgasse 125/D5–F5
Paradisgasse 124/A2–C2
Parisergasse 122/C2
Parkgasse 130/C5–C6
Parkring 123/E4–F4
Pasettistraße 125/F3–126/B5
Passauer Platz 123/D2
Paulanergasse 135/D2–E2
Pazmanitengasse 130/A2–B1
Penzinger Straße 132/A3–C3
Pernerstorfergasse 135/D6–136/A6
Pestalozzigasse 123/E5–E6
Peter-Jordan-Straße 124/A4–B4
Petersplatz 122/C3–123/D3
Pfeilgasse 128/A4–B5
Philharmonikerstraße
  122/C5–123/D5
Piaristengasse 128/B4–B5
Pilgramgasse 134/C3
Plankengasse 122/C4–123/D4
Plößlgasse 135/E2–F2
Pokornygasse 124/C4–125/D4
Porzellangasse 129/D1–D2
Postgasse 123/E2–E3
Pramergasse 129/D2
Prater Stern 130/B2–B3
Praterstraße 123/F2–130/B3
Preßgasse 135/D2
Prinz-Eugen-Straße 135/E2–F4
Pulverturmgasse 124/C6
Pykergasse 124/C4

Q

Quellenplatz 135/E6
Quellenstraße 134/C6–136/B6

R

Rabengasse 136/C2
Radelmayergasse 124/C4
Radetzkyplatz 130/B4
Radetzkystraße 130/B4
Rahlgasse 122/B5
Rainergasse 135/D4–E3
Ramperstorffergasse
  134/C3–135/D4
Rappachgasse 137/F5–F6
Rasumofskygasse 130/B6–C5
Rathausplatz 122/A2–A3
Rathausstraße 122/A2
Rauchfangkehrergasse 133/D4–E4
Rauscherstraße 125/F6
Rechte Wienzeile 122/C6–134/C3
Reichsbrücke 127/E6–131/D1
Reichsratsstraße 122/A2
Reinlgasse 132/C2–C3
Reinprechtsdorfer Straße 134/B3–C5
Reisnerstraße 123/F5–136/A2
Rembrandtstraße 129/E1–E2
Renngasse 122/C2
Rennweg 135/F2–136/D4
Resselgasse 122/C6
Riemergasse 123/E3–E4
Rinnböckstraße 137/D4–E6
Robert-Blum-Gasse 125/F2
Robert-Hamerling-Gasse 133/F2–F3
Robert-Stolz-Platz 122/C5
Rochusgasse 130/B6

Rooseveltplatz 122/A1
Rosenbursenstraße 123/E3–F3
Roßauer Lände 129/D1–E2
Roßauerbrücke 129/E2
Rotenhausgasse 122/A1
Rotenlöwengasse 129/D1
Rotenturmstraße 123/D3–E2
Rotgasse 123/D2–D3
Rotundenallee 130/C5–131/D4
Rotundenbrücke 130/C5
Ruckergasse 133/D6–E5
Rüdigergasse 134/C2–C3
Rudolfinergasse 124/B3
Rudol-Kassner-Gasse 124/B1–C1
Rudolfsplatz 123/D1–D2
Rustenschacherallee
  130/C4–131/E5
Ruthgasse 124/C3

S

Salesianergasse 123/F6–135/F2
Salvatorgasse 123/D2
Salzgries 123/D2
Salztorbrücke 123/D2–E1
Salztorgasse 123/D2
Sandgasse 124/B1–C1
Sandrockgasse 126/C2–127/E3
Sandwirtgasse 134/B3–C3
Satzingerweg 127/E1–F1
Säulengasse 128/B1–C1
Schallautzerstraße 123/F3
Schanzstraße 132/C1
Schaufergasse 122/B3–C3
Schaumburgergasse 135/D3–E3
Schaurhofergasse 122/C6
Scheffelstraße 127/D1–D2
Schegargasse 124/B5–C5
Schellinggasse 123/D5–E4
Schiffamtsgasse 129/E2–F2
Schillerplatz 122/C5
Schimmelgasse 136/C3–137/D3
Schlachthausgasse 136/C3–137/D2
Schlechtastraße 136/C6
Schleifmühlgasse 135/D2
Schlickplatz 122/C1
Schloßallee 132/C3–C4
Schloßbrücke 132/C4
Schloßhofer Straße 127/D1
Schmalzhofgasse 134/B2
Schmelzgasse 123/F1
Schmerlingplatz 122/A4
Schönborngasse 128/B4
Schönbrunner Brücke 133/D4
Schönbrunner Schloßstraße
  132/B4–133/D5
Schönbrunner Straße
  133/D4–135/D2
Schönburgstraße 135/D3–E4
Schönlaterngasse 123/E3
Schottenbastei 122/B2–C2
Schottenfeldgasse 128/A5–134/B2
Schottengasse 122/B2
Schottenring 122/B2–C1
Schreygasse 129/E2
Schreyvogelgasse 122/B2
Schubertring 123/D5–E4
Schulerstraße 123/D3–E3
Schulgasse 124/A6–128/B1
Schüttaustraße 127/E6–131/F1
Schüttelstraße 130/B3–137/E2
Schwarzenbergplatz 123/D5–E6
Schwarzenbergstraße 123/D5
Schwarzspanierstraße 122/A1
Schwedenbrücke 123/E2
Schwedenplatz 123/E2
Schweizer-Garten-Straße 136/A4
Schwenkgasse 133/D5–D6

STRASSENREGISTER

Sechshauser Gürtel **133/F3-F4**
Sechshauser Straße **133/D4-F3**
Sechsschimmelgasse **128/B1-C1**
Seegasse **129/D2**
Seidlgasse **130/B4-B5**
Seilergasse **123/D3-D4**
Seilerstätte **123/D5-E4**
Seitenstettengasse **123/D2-E2**
Seitzgasse **122/C3**
Semperstraße **124/C5-128/B1**
Sensengasse **128/C2**
Severingasse **128/B2-C2**
Siccardsburggasse **135/E5-E6**
Siebenbrunnenfeldgasse **134/B5-C5**
Siebenbrunnengasse
  134/B5-135/D4
Siebenbrunnenplatz **134/C4**
Siebensterngasse **128/B6-122/A5**
Sieveringer Straße **124/A2-B3**
Silbergasse **124/B3-C2**
Simmeringer Hauptstraße
  137/D5-E6
Singerstraße **123/D4-E4**
Skodagasse **128/B3-B4**
Sobieskigasse **124/C6-128/C1**
Sollingergasse **124/A3-A4**
Sommergasse **124/C5**
Sonnenfelsgasse **123/E3**
Sonnwendgasse **135/E4-F6**
Spengergasse **134/C3-C5**
Spiegelgasse **122/C4-123/D3**
Spielmanngasse **125/E3-E4**
Spitalgasse **128/B3-C2**
Spittalauer Lände **125/D5-D6**
Spittelberggasse **122/A5**
Spittelbreitengasse **133/D6-E6**
Sportklubstraße **130/C3-C4**
Springergasse **130/B1-B2**
Stadionallee **131/E5-137/E2**
Stadionbrücke **137/E2**
Stadiongasse **122/A3**
Steinbauergasse **134/A5-B5**
Stephansplatz **123/D3**
Sterngasse **123/D2**
Sternwartestraße **124/A5-C6**
Steudelgasse **136/A6**
Stiegengasse **134/C2-122/A6**
Stiegergasse **133/E4-F4**
Stiftgasse **122/A5-A6**
Stock-im-Eisen-Platz **123/D3**
Stoffellagasse **130/B3**
Stolberggasse **134/C4-135/D4**
Stollgasse **134/A1**
Stolzenthalergasse **128/A4-A5**
Straße des Ersten Mai
  130/C3-131/D3
Straßergasse **124/A1-B1**
Strauchgasse **122/C3**
Strohgasse **123/E6-F6**
Stromstraße **125/E5-126/A3**
Strozzigasse **128/B4-B5**
Strumpergasse **134/A2-B3**
Stubenbastei **123/E4**
Stubenring **123/F3-F4**
Südportalstraße **131/D3-D4**
Südtiroler Platz **135/E4**

T
Taborstraße **123/E2-130/B1**
Taubstummengasse **135/E2**
Tegetthoffstraße **122/C5-123/D4**
Teinfaltstraße **122/B2**
Tempelgasse **123/F1-F2**
Tendlergasse **128/B2-C2**
Teschnergasse **128/A6**
Theobaldgasse **122/A6-B5**
Theodor-Körner-Gasse **127/D2-E1**

Theresianumgasse **135/E3-F3**
Theresiengasse **128/A1-A3**
Thurngasse **128/C3-129/D2**
Tiefer Graben **122/C2**
Tigergasse **128/B4-B5**
Tiroler Gasse **132/A5**
Tivoligasse **132/C5-133/F5**
Trabrennstraße **131/E3-E4**
Traisengasse **126/A5-B4**
Traklgasse **124/A2**
Trauttmannsdorffgasse **132/A4-A5**
Treitlstraße **122/B4**
Treustraße **125/D5-E6**
Triester Straße **134/C5-C6**
Tuchlauben **122/C3-123/D2**
Türkenschanzstraße **124/A5-A6**
Türkenstraße **129/D2-122/B1**

U
Ullmannstraße **133/E4-F3**
Ungargasse **130/A5-136/B2**
Universitätsstraße **122/A2-B2**
Untere Augartenstraße **129/E2**
Untere Donaustraße
  123/E2-130/B3
Untere Viaduktgasse **130/B4-B5**
Untere Weißgerberstraße
  130/B4-C5
Uraniastraße **130/A4**
Urban-Loritz-Platz **128/A6**

V
Venediger Au **130/C2-C3**
Vivariumstraße **130/B3-C3**
Volksgartenstraße **122/A4-B4**
Vordere Zollamtsstraße **123/F2-F4**
Vorgartenmarkt **130/C2-131/D2**
Vorgartenstraße **126/A3-131/F4**

W
Waaggasse **135/D2**
Wagramer Straße **127/E6-F5**
Währinger Gürtel **124/C5-128/A3**
Währinger Straße **124/A6-122/B1**
Waldsteingartenstraße
  130/C3-131/D4
Walfischgasse **123/D5**
Wallensteinstraße **125/E6-F5**
Wallnerstraße **122/C3**
Walter-Beck-Platz **128/B2-B3**
Waltergasse **135/E3**
Warhanekgasse **127/D3**
Wasagasse **128/C2-122/B1**
Wasnergasse **125/F6-129/E1**
Wassergasse **130/C6**
Webgasse **134/B2-B3**
Wehlistraße **126/A4-B4**
Wehrgasse **134/C2-135/D3**
Weihburggasse **123/D4-E4**
Weimarer Straße **124/B4-128/A1**
Weinberggasse **124/A3**
Weintraubengasse **123/F1-130/B3**
Weinzingergasse **124/A2-A3**
Weiskirchenerstraße **123/F4**
Weißgerberlände **130/B4-C5**
Werdertorgasse **122/C1-123/D1**
Weschelstraße **126/C6**
Westbahnstraße **134/A1-B1**
Weyringergasse **135/E4-F3**
Wiedner Gürtel **135/E4-F4**
Wiedner Hauptstraße
  122/C6-134/C5
Wieningerplatz **133/D2-D3**
Wiesingerstraße **123/E3-F3**
Wilhelm-Exner-Gasse **128/B2-C1**
Wilhelmstraße **133/E6-F6**
Wimmergasse **134/C4-135/D5**

Winckelmannstraße **133/D3-D4**
Windmühlgasse **122/A6**
Wipplingerstraße **122/B1-123/D2**
Wohlmutstraße **130/C2-131/D3**
Wolfganggasse **134/A4-B6**
Wollzeile **123/E3**

Z
Zaunergasse **123/E6-F6**
Zedlitzgasse **123/E4**
Zehenthofgasse **124/B2-B3**
Zeleborgasse **133/E6**
Zelinkagasse **122/C1-123/D1**
Zeltgasse **128/B5**
Zentagasse **134/C3-135/D4**
Ziegelofengasse **135/D3-D4**
Zieglergasse **128/B5-134/B2**
Zippererstraße **137/E5**
Zirkusgasse **123/F2-130/B2**
Zufahrtsstraße **130/C3-131/D3**

KARTENLEGENDE

Deutsch		English / Français / Italiano
Autobahn		Autoroute
Motorway (Freeway)		Autostrada
Vierspurige Straße		Route à quatre voies
Road with four lanes		Strada a quattro corsie
Bundes-/Fernstraße		Route fédérale / nationale
Federal / trunk road		Strada statale / di grande comunicazione
Hauptstraße		Route principale
Main road		Strada principale
Fußgängerzone – Einbahnstraße		Zone piétonne – Rue à sens unique
Pedestrian zone – One way road		Zona pedonale – Via a senso unico
Eisenbahn mit Bahnhof		Chemin de fer avec gare
Railway with station		Ferrovia con stazione
U-Bahn		Métro
Underground (railway)		Metropolitana
Buslinie - Straßenbahn		Ligne d'autocar - Tram
Bus-route - Tramway		Linea d'autobus - Tram
Information - Jugendherberge		Information - Auberge de jeunesse
Information - Youth hostel		Informazioni - Ostello della gioventù
Kirche - Sehenswerte Kirche		Église - Église remarquable
Church - Church of interest		Chiesa - Chiesa di notevole interesse
Synagoge - Moschee		Synagogue - Mosquée
Synagogue - Mosque		Sinagoga - Moschea
Polizeistation - Postamt		Poste de police - Bureau de poste
Police station - Post office		Posto di polizia - Ufficio postale
Krankenhaus		Hôpital
Hospital		Ospedale
Denkmal - Funk- oder Fernsehturm		Monument - Tour d'antennes
Monument - Radio or TV tower		Monumento - Pilone radio o TV
Theater - Taxistand		Théâtre - Station taxi
Theatre - Taxi rank		Teatro - Posteggio di tassì
Feuerwache - Schule		Poste de pompiers - École
Fire station - School		Guardia del fuoco - Scuola
Freibad - Hallenbad		Piscine en plein air - Piscine couverte
Open air - / Indoor swimming pool		Piscina all'aperto - Piscina coperta
Öffentliche Toilette - Ausflugslokal		Toilette publique - Restaurant
Public toilet - Restaurant		Gabinetto pubblico - Ristorante
Parkhaus - Parkplatz		Parking couvert - Parking
Indoor car park - Car park		Autosilo - Area di parcheggio
Stadtspaziergänge		Promenades en ville
Walking tours		Passeggiate urbane
MARCO POLO Highlight		MARCO POLO Highlight

THE AMAZING HISTORY ADVENTURE

OPENING APRIL 2012

VIENNA

**ERLEBNISWELT
ENTERTAINMENT WORLD**

HABSBURGERGASSE 10A 1010 VIENNA, CITY CENTRE

www.timetravel-vienna.at

REGISTER

Im Register finden Sie alle in diesem Reiseführer erwähnten Sehenswürdigkeiten und Ausflugsziele, dazu wichtige Plätze und Straßen sowie Begriffe und Namen. Gefettete Seitenzahlen verweisen auf den Haupteintrag, U auf den vorderen Umschlag.

Adalbert-Stifter-Gedenkraum 50
Akademie der Bildenden Künste **29**
Akademie der Wissenschaften 101
Albertina **29**, 35, 103
Alsergrund 47
Alte Donau 39, 58
Altes Rathaus 102
Am Hof 25, **32**, 102
Andromedatower 18
Architekturzentrum Wien 49
Asperner Heustadelpark 17
Augustinerkirche 6, **32**, 35, 36
Austria-Center 18
Bäckerstraße 101
Barockmuseum 33
Beethoven-Gedenkstätten 15, 35, **57**
Belvedere U, 15, 33, 53, **54**, 59
Blumengärten Hirschstetten 17
Blutgasse 100
Böhmische Hofkanzlei 102
Bürgerliches Zeughaus 32
Burggarten **32**
Burgkapelle 35, 116
Burgtheater 7, 25, **32**, 80, **89**, 119
Café Central 7, 15, 25, 33, 42, **65**, 104, 110
Copa Cagrana 20
Dommuseum **32**
Donau **18**, 39, 58
Donauauen 5, 39, **60**
Donau-City 18
Donauinsel 9, 14, **19**, 43, 58, 108
Donaukanal 9, 24, 39
Donaupark 58
Donauturm 58
Donnerbrunnen **32**
Dr.-Ignaz-Seipel-Platz 101
Dritter-Mann-Museum **51**
Dschungel Wien 49, **106**
Elisabeth (Sisi, Kaiserin) 20, 32, 36, 58, 102
Ephesosmuseum 35, 38, 103
Eroica-Haus 57
Esperantomuseum 33
Fälschermuseum 28, **56**
Favoritenstraße 72
Feuerwehrmuseum 32
Fiaker 7, 27, 112, **115**
Figurentheater Lilarum **106**
Franz Joseph I. 14, 20, 32, 36, 43, 51, 59, 61, 102
Freihausviertel 51, **52**, 80
Freud, Sigmund 15, 47, 50
Freyung 25, **33**
Globenmuseum **33**
Graben 25, 72
Grinzing U, 7, 15, **57**, 104, 148
Gürtel 4, 15, 27, 47, 80
Haas-Haus 12, 46
Habsburger U, 8, 11, 14, 18, **20**, 24, 27, 32, 34, 36, 37, 45, 48, 52, 53, 59, 103
Hainburg 60
Haus der Musik 8, **34**
Haydn-Wohnhaus 15, 27
Heiligenkreuzer Hof **34**, 101
Heiligenstadt 57, 58
Heiligenstädter-Testament-Haus 57
Heldenplatz 15, **34**, 100, 102
Hermesvilla 61
Heurigen U, 7, 9, 11, 12, 13, 15, 22, 23, 62, **64**, 105, 148
Himmelwiese 16
Hofburg U, 5, 8, 11, 18, 27, **34**, 43, 44, 48, 100, 102, 109, 116, 117

Hofmobiliendepot Möbel-Museum Wien 4, **52**
Hoher Markt **35**, 102
Holocaust-Mahnmal 102
Hubertuswarte 61
Hundertwasserhaus **56**
Institut für Wissenschaft und Technologie (IST Austria) 13
Jedlersdorf 57
Jesuitenkirche **36**, 101
Josefsplatz **36**
Josefstadt 47
Josephinum **47**
Judenplatz 80, 102
Jüdisches Museum der Stadt Wien **36**, 104
Justizpalast 103
Kaffee U, 8, 13, 23, 24, 62, 103, 115, 148
Kaffeehaus U, 1, 5, 7, 8, 11, 13, 15, 24, 62, **65**, **103**, 112
Kagran 20
Kahlenberg 6, 57, **104**, 105
Kaiserappartements 35, **36**, 102
Kaisergruft 20, **36**, 45
Kapuzinerkirche 36
Karl-Marx-Hof **58**
Karlskirche 51, **52**, 103
Kärntner Straße 25, 72
Kindermuseum 107
Kirche Maria am Gestade 102
Kirche zu den neun Chören der Engel 32
Klosterneuburg 13
Kohlmarkt 72, 102
Kongresszentrum 103
Konzerthaus 54, 80, **86**, 108, 109
Krapfenwald-Bad 110
Kunstforum **33**
Kunsthalle 49
KunstHaus Wien **56**
Kunsthistorisches Museum U, 8, 24, 27, 35, **37**, 48, 103
Laaer Berg 14
Labyrinthikon 107
Lainzer Tiergarten 14, **61**
Landstraße **53**
Landstraßer Hauptstraße 72
Lebensbaumkreis Am Himmel 6, 105
Lehár-Gedenkstätte 15, 35
Leopold-Museum 24, 48
Leopoldsberg 14, 57, **104**, 105
Leopoldskirche 105
Leopoldstadt **53**
Liechtenstein Museum **47**
Lindengasse 72
Lipizzaner U, 11, 35, 44
Lobau 14
Looshaus **38**, 102
Lumbyepark 17
Mahnmal gegen Krieg und Faschismus **38**, 103
Majolikahaus **52**
MAK **40**
Margareten 51
Margaretenplatz 80
Maria am Gestade **39**
Mariahilf **51**
Mariahilfer Straße 51, **52**, 72
Maria Theresia 20, 37, 39, 47, 59
Maria-Theresien-Denkmal **39**
Marionettentheater 4, 60
Märkleinsche Haus 32
Mauer 57, 64

Michaelerplatz 102
Millenniumstower 18
Minopolis **106**
Minoritenkirche **39**
Mozarthaus 39, 100
Mozart, Wolfgang Amadeus 4, 32, 39, 59
MQ U, 9, 24, 47, **48**, 80, 88, 107
Müllverbrennungsanlage Spittelau 56
Museum für Völkerkunde **40**
Museum Moderner Kunst 24, 48
Museum of Young Art **40**
Museumsquartier U, 9, 24, 47, **48**, 80, 88, 107
Musikverein 8, 11, 15, 80, **87**, 108, 109, 116
Naschmarkt U, 6, 24, 26, 51, 70, 73, **78**, 80, 103, 110
Nationalbibliothek 35, 36, 71
Naturhistorisches Museum 35, **40**, 48, 103
Neubaugasse 72
Neue Donau 9, 14, **19**, 43, **58**, 108
Neues Rathaus **41**, 103
Neustift 105
Nussdorf 57
Oberlaa 43
Oper U, 7, 11, 15, 22, 24, 25, 26, **44**, 80, 103, **87**, 88, 109, 119
Orth 61
Österreichisches Theatermuseum **41**
Palais Collalto 32
Palais Daun-Kinsky 33
Palais Ferstel 25, 33, **42**, 104
Palais Harrach 33
Palais Lobkowitz 41, 104
Palais Mollard 33
Palais Paffy 36
Palais Pallavicini 36
Palais Schönborn 40
Parlament 24, **42**, 103
Pestsäule **42**
Peterskirche 25, **42**
Planetarium 14
Postsparkasse **42**
Pötzleinsdorf 57, 105
Prater U, 7, 14, 27, 43, 53, **57**
Quartier 21 49
Rathaus 17, 23, 24, **41**, 103, 109
Rathausplatz 4, 109
Riesenrad U, 7, 11, 53, 57
Ringstraße U, 7, 11, 12, 14, 15, 24, 26, 27, 28, **43**, 117
Römermuseum 36
Rotenturmstraße 72
Rudolfsplatz 80
Ruprechtskirche **43**, 102
Sachertorte U, 11, 68, 79, 103
Salmannsdorf 105
Sankt Marx 4, **58**
Schatzkammer U, 27, 35, **43**
Schatzkammer des Deutschen Ordens 100
Schleifmühlgasse 80
Schloss Schönbrunn U, 4, 5, 11, 12, 14, 15, 24, **59**, 88, 107
Schönbrunner Schlosspark U, 6, 24, 43, 60
Schönlaterngasse 101
Schottenkirche 33
Schottenstift 33
Schubert-Geburtshaus 15, 27, **50**
Secession 44, 52, 103
Sievering 57, 105
Sigmund-Freud-Museum 7, **50**

IMPRESSUM

Silberkammer 35, **36**
Sisi 20, 32, 36, 58, 102
Sisi-Museum 20, 35, **36**, 102
Spanische Hofreitschule 35, **44**
Spittelberg 47, **50**, 80
Staatsoper U, 7, 11, 15, 22, 24, 25, 26, **44**, 80, **87**, 88, 103, 109, 119
Staatsopernmuseum 45
Stadtpark 43, **45**
Stammersdorf 57, 64
Stephansdom U, 4, 6, 11, 12, 22, 25, 26, 28, 32, 36, **45**, 59, 72, 100, 109
Stopfenreuth 60

Strauß-Gedenkstätte 27, 35
Streberdorf 57, 64
Strudlhofstiege 4, **50**, 58
Tanzquartier Wien 49
Tech Gate 18
Tiergarten 24, 60
Toilet of Modern Art 56
Türkenschanzpark 43
Universität 32, **46**
Universitätskirche 36
Uno-City 12, 18
Völkerkundemuseum 35, 103
Volksgarten **46**

Volksprater 53, 57
Votivkirche **51**
Wieden **51**
Wiedner Hauptstraße 72
Wiener Philharmoniker 8, 15, 34, 87, 108
Wiener Sängerknaben U, 11, **116**
Wiener Symphoniker 87
Wienerwald U, 14, 17, 39, 57, 61, 64, 105
Wien Museum Karlsplatz 35, **52**
Wiental 14
Wurstelprater U, 53, 57
Zentralfriedhof 6, **60**
Zoom Kindermuseum 49, 106, **107**

SCHREIBEN SIE UNS!

SMS-Hotline: 0163 6 39 50 20

Egal, was Ihnen Tolles im Urlaub begegnet oder Ihnen auf der Seele brennt, lassen Sie es uns wissen! Ob Lob, Kritik oder Ihr ganz persönlicher Tipp – die MARCO POLO Redaktion freut sich auf Ihre Infos.

Wir setzen alles dran, Ihnen möglichst aktuelle Informationen mit auf die Reise zu geben. Dennoch schleichen sich manchmal Fehler ein – trotz gründ-

E-Mail: info@marcopolo.de

licher Recherche unserer Autoren/innen. Sie haben sicherlich Verständnis, dass der Verlag dafür keine Haftung übernehmen kann. Kontaktieren Sie uns per SMS, E-Mail oder Post!

MARCO POLO Redaktion
MAIRDUMONT
Postfach 31 51
73751 Ostfildern

IMPRESSUM

Titelbild: Hofburg mit Michaelertor und Fiaker (Laif: Hänel)

Fotos: Biosphärenpark Wienerwald: Diry (17 o.); Designpfad: Bonanza (16 o.); W. Dieterich (2 M.o., 2 M.u., 3 o., 7, 12, 15, 26/27, 33, 40/41, 42, 45, 53, 59, 64, 67, 68 l., 72/73, 78, 89, 100/101, 106, 112 u.); DuMont Bildarchiv: Krause (108, 109), Wrba (4, 6, 23, 24 l., 61, 68 r., 74, 77, 113, 121); R. Freyer (34, 54); R. Hackenberg (Klappe r., 3 M., 8, 37, 48, 80/81, 82, 86, 92, 97, 108/109); Hotel Wombat's (99); Huber: Damm (25), Schmid (9); Laif: Hänel (1 o., 20), Heuer (3 u., 90/91), Rigaud (95, 104/105), Steinhilber (102), Stukhard (2 u., 24 r., 62/63); Laif/Le Figaro Magazine: Martin (84/85); Look: age fotostock (18/19), Eisenberger (106/107); mauritius images: AGE (10/11), Alamy (46), allOver (56), Bernhaut (44), de Kord (Klappe l.), Matassa (117); Rave Up: Christian König (16 u.); Samstag Moser & Holzinger OG: Josef Weiland (17 u.); T. Stankiewcz (71, 107); tea-licious / Susanne Dreier-Phan Quoc: Pinie Wang (16 M.); W. M. Weiss (1 u.); E. Wrba (2 o., 5, 38, 50)

17. Auflage 2012
Komplett überarbeitet und neu gestaltet

© MAIRDUMONT GmbH & Co. KG, Ostfildern
Chefredaktion: Michaela Lienemann (Konzept, Chefin vom Dienst), Marion Zorn (Konzept, Textchefin)
Autor: Walter Weiss, Redaktion: Karin Liebe
Verlagsredaktion: Ann-Katrin Kutzner, Nikolai Michaelis, Silwen Randebrock
Bildredaktion: Gabriele Forst, Barbara Schmid
Im Trend: wunder media, München
Kartografie Reiseatlas: © MAIRDUMONT, Ostfildern; Kartografie Faltkarte: © MAIRDUMONT, Ostfildern
Innengestaltung: milchhof: atelier, Berlin; Titel, S. 1, Titel Faltkarte: factor product münchen
Sprachführer: in Zusammenarbeit mit Ernst Klett Sprachen GmbH, Stuttgart, Redaktion PONS Wörterbücher
Das Werk einschließlich aller seiner Teile ist urheberrechtlich geschützt. Jede urheberrechtsrelevante Verwertung ist ohne Zustimmung des Verlags unzulässig und strafbar. Das gilt insbesondere für Vervielfältigungen, Übersetzungen, Nachahmungen, Mikroverfilmungen und die Einspeicherung und Verarbeitung in elektronischen Systemen.
Printed in Germany. Gedruckt auf 100% chlorfrei gebleichtem Papier

BLOSS NICHT ✋

Tipps für das richtige Verhalten

TRINKGELD VERGESSEN

Das Trinkgeldgeben lässt sich auch als liebenswürdiges Prinzip von „Leben und leben lassen" deuten. Tatsächlich kommen Kellner, Taxifahrer, Friseure, Tankwarte und Toilettenfrauen nur dank der Trinkgelder finanziell halbwegs über die Runden.

SIGHTSEEING MIT DEM EIGENEN WAGEN, FALSCH PARKEN

Staus und Parkplatznot sind auch in Wien notorisch, vor allem in der Innenstadt. Lassen Sie den Wagen daher besser in der Garage stehen. Die meisten Sehenswürdigkeiten liegen in Fußwegentfernung voneinander, und das öffentliche Verkehrsnetz ist dicht geknüpft. Bußgelder werden in EU-Zeiten auch jenseits der Grenze gnadenlos eingetrieben. Wer gar verkehrsbehindernd parkt, wird den Wagen erst nach Zahlung von 170 Euro auf einem Sammelplatz am Stadtrand wiedersehen. In flagranti erwischte Parksünder kommen weitaus billiger weg, wenn sie gleich zahlen und nicht erst so lange warten, bis die Anzeige nach der Rückkehr zu Hause eingeht.

KURZPARKEN OHNE PARKSCHEIN

Mehr als die Hälfte aller Stadtbezirke sind grundsätzlich Kurzparkzonen. Durch Verkehrsschilder bzw. blaue Bodenmarkierungen gekennzeichnet, begrenzen sie die Parkdauer auf maximal zwei Stunden. Parkscheine sind kostenpflichtig (je nach Dauer 60 Cent bis 2,40 Euro), in Tabakläden (Trafiken) erhältlich und penibel auszufüllen (Detailinfos: *www.wien.gv.at/verkehr*).

IM PAUSCHALANGEBOT ZUM HEURIGEN

Wer in Grinzing dort einkehrt, wo die Touristenbusse in Kolonne parken, versäumt das Wesen eines Heurigen, zu dem ein Mindestmaß an Intimität gehört. Ziehen Sie die anderen Lokale und Heurigengegenden vor.

„KAFFEE" BESTELLEN

Wer in einem Traditionscafé einfach „Kaffee" bestellt und dabei gar die erste Silbe betont, erweist sich als Ignorant, auch wenn der Ober keine Miene verzieht. Hierzulande bestellt man einen kleinen oder großen Braunen oder Schwarzen, einen Kapuziner, eine Melange etc., und zwar nicht mit Sahne, sondern mit Schlagobers.

ZU LEGERE KLEIDUNG IN OPER UND ALTSTADT

Die große Mehrheit der kulturbeflissenen Wiener legt für den Abend in einem ihrer Musentempel eine Kleidung an, die sie als „dem Anlass entsprechend" bezeichnen. Soll heißen: keine Minis oder T-Shirts, Jeans oder gar kurze Hosen. Für die Herren sind zumindest Sakko und Krawatte obligat. Aber auch tagsüber in der Altstadt gibt es Tabus: entblößte Oberkörper bei den Herren und Bikinitops bei den Damen. Noch viel verpönter ist ein solcher Aufzug bei Innenbesichtigungen, besonders natürlich in Kirchen.